广西沿边金融综合改革报告

（2013~2018）

REPORT ON
COMPREHENSIVE FINANCIAL REFORM
IN BORDER AREAS OF GUANGXI (2013-2018)

广西建设面向东盟的金融开放门户领导小组办公室　编

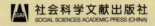

社会科学文献出版社
SOCIAL SCIENCES ACADEMIC PRESS (CHINA)

广西沿边金融综合改革报告编委会

目 录

Ⅳ 典型案例

Ⅴ 附录

| 总报告

　　为促进西南边陲民族地区与周边国家建立更紧密的经贸金融合作关系，为我国深入推进金融改革开放提供经验借鉴，2013 年 11 月 21 日，经国务院批准同意，中国人民银行等十一部委联合印发《云南省　广西壮族自治区建设沿边金融综合改革试验区总体方案》（下文简称《沿边金改总体方案》）。5 年来，在沿边金融综合改革试验区建设的带动下，广西金融业发展不断向好，沿边金融综合改革试验区六市（下文简称沿边六市）金融发展成效显著，并形成了一系列可复制可推广的典型经验。

1

广西沿边金融综合改革试验区建设成效

面对复杂的国内外经济金融形势，广西认真贯彻"三大定位"新使命和"五个扎实"新要求，积极落实党中央、国务院决策部署，扎实、稳步推进沿边金融综合改革试验区建设工作，金融综合实力持续增强，沿边金融综合改革试验区建设成效显著，为打造面向东盟的金融开放门户奠定了坚实基础。

一　《沿边金改总体方案》出台历程回顾

《云南省　广西壮族自治区建设沿边金融综合改革试验区总体方案》是中国继中国（上海）自由贸易试验区之后批复的第二个区域性综合改革试验区方案，也是中国共产党十八届三中全会之后，第一个获得批准的专项金融综合改革方案。

（一）《沿边金改总体方案》出台的时代背景

2010年1月1日中国—东盟自贸区正式启动，中国对东盟93%的产品贸易关税降为零。2011年开始，中国与东盟在服务贸易市场和投资市场实施更广泛深入的开放举措，中国—东盟自贸区进入全面推进建设阶段。投融资领域的不断开放，推动了中国与东盟国家之间经贸领域合作的日益密切，也带动双方政治、外交的不断升温。东盟一些国家逐渐萌生减少交易成本，实现人民币区域自由兑换、结算，从而进一步推进互惠互利经贸发展的想法。

广西、云南在对接东盟方面区位优势非常明显。广西是中国与东盟之间唯一既有陆地接壤又有海上通道的省份，广西首府南宁又是中国—东盟博览会的永久举办地；云南与越南、老挝、缅甸接壤，是中国—东盟自贸区、大湄公河次区域经济合作、南亚次区域经济合作、泛珠三角区域合作的交会点和结合部。

2010年启动人民币跨境结算试点以后，广西、云南两省区沿边金融、跨境金融快速发展。到2013年广西跨境人民币结算总量达1012.4亿元，居中国西部12省（区）、边境8个省（区）第一；云南省结算金额达591.0亿元，形成了以昆明为核心，河口、版纳、瑞丽、腾冲等次区域跨境人民币金融服务中心为支撑的发展态势。

东盟国家进一步发展经贸的资金兑换、结算需求，广西、云南两省区对接东盟优越的区位优势，跨境金融、沿边金融的快速发展，在三方面因素的共同推动下，加快在两省区开展面向东盟的区域金融改革的顶层设计呼之欲出。

2013年11月21日，中国人民银行等十一部委联合印发《云南省广西壮族自治区建设沿边金融综合改革试验区总体方案》，在广西南宁、钦州、北海、防城港、百色、崇左六市，云南昆明、保山、普洱、临沧、红河、文山、西双版纳、德宏、怒江九个州市范围内开展沿边金融、跨境金融、地方金融改革先行先试，广西、云南两省区在国家战略指导下，正式开启促进人民币周边区域化的金融改革创新发展之路。

（二）广西推进沿边金融综合改革的重大事件回顾

《沿边金改总体方案》下发后，广西迅速行动，针对沿边六市金融，持续推出系列重大改革举措，有力保障了全区沿边金融综合改革的顺利推进和圆满收官。

2013年11月《沿边金改总体方案》下发后，2014年1月，广西壮族自治区人民政府印发《广西壮族自治区人民政府关于建设沿边金融综合改革试验区的实施意见》（桂政发〔2014〕3号），广西壮族自治区党委、政府迅速成立沿边金融综合改革试验区工作领导小组，正式启动试验区建设工作。4月，广西沿边金融综合改革试验区工作领导小组召开第一次全体会议，审议通过《广西建设沿边金融综合改革试验区工作任务分解表》，进一步对全区沿边金改工作任务进行细化分解。随着顶层设计的快速推进，《广西壮族自治区沿边金融综合改革试验区个人跨境贸易人民币业务管理办法》《广西壮族自治区人民政府办公厅转发财政厅关于加大财政支持力度促进沿边金融综合改革试验区建设意见的通知》《广西沿边金融综合改革试验区推进金融服务同城化总体工作方案》等一系列政府部门和金融监管机构文件印发，全区掀起了参与沿边金融综合改革建设的高潮。

2015年，广西重点推动沿边六市银行服务收费同城化工作。3月，原广西银监局、自治区金融办、中国人民银行南宁中心支行共同下发《关于实施广西沿边金融综合改革试验区银行服务收费同城化的通知》，启动沿边六市收费同城化工作。7月，沿边六个地市银行业金融机构正式取消同行间一切以异地为依据的差异化收费项目，六市银行服务收费同城化正式实现。

2016年，广西沿边金融综合改革进入深入推进阶段。在这一年，广西成立了首家省级地方资产管理公司广西金控资产管理公司，农信社改革如火如荼，成功举办广西跨境金融服务暨全口径跨境融资宏观审慎管理政策推介会，成立第一家按照批量发起模式设立的村镇银行，广发银行南宁分行开业等，可以说，这是沿边金融综合改革成果遍地开花的一年。

2017年，作为"一带一路"有机衔接的重要门户，广西出台《关于广西银行业支持"一带一路"建设的指导意见》《金融业支持广西参与"一带一路"建设的指导意见》，进一步扩大面向东盟的金融开放，积极参与"一带一路"建设，沿边金融综合改革继续扩大成果，崇左市政府、中国人民银行南宁中心支行、中国银行广西分行成功举办越南盾现钞跨境调运业务启动仪式，中国银行崇左分行与越南投资与发展银行谅山分行合作完成了 35 亿越南盾（折合 102 万元人民币）现钞的通关入境。人民币对柬埔寨瑞尔银行间市场区域交易在广西启动。中国进出口银行广西壮族自治区分行在南宁开业，并与自治区政府签署战略合作协议。广西沿边金融综合改革在国内引起强烈关注，中央党校第 42 期中青一班学员调研组到南宁市调研沿边金融综合改革试验区建设情况。这一年召开的全区金融工作会议提出了"打造沿边金融综合改革升级版，构建面向东盟的金融开放门户"的重大构想，为 2018 年建设面向东盟的金融开放门户国家战略的出炉奠定关键基础。

2018 年，广西沿边金融综合改革进入收官阶段。为了顺利推进沿边金融综合改革评估验收，自治区党委书记鹿心社、自治区主席陈武深入东兴开展沿边金融综合改革试验区建设工作调研，时任自治区副主席丁向群亲自部署沿边金融综合改革评估验收工作。9 月，广西沿边金融综合改革试验区建设顺利通过第三方评估组评估验收。新华社广西分社对广西沿边金融综合改革形成的十大可复制可推广经验进行提炼总结形成内参报送中央，自治区人民政府向国务院报送《广西壮族自治区沿边金融综合改革试验区建设工作总结》（桂政报〔2018〕28 号），广西沿边金融综合改革完美收官。

在广西沿边金融综合改革圆满收官的同时，广西迎来又一金融领域重大国家战略——建设面向东盟的金融开放门户。针对 2017 年全区金融工作会议提出的"打造沿边金融综合改革升级版，构建面向东盟的金融开放门户"的重大构想，2018 年 6 月，自治区党委书记鹿心社、自治区主席陈武率队专程向中国人民银行总行和国务院汇报打造面向东盟的金融开放门户推进情况，时任自治区副主席丁向群带队向中国人民银行总行副行长陈雨露汇报沟通了沿边金融综合改革总结和打造面向东盟的金融开放门户推进情况。7 月，中国人民银行、国家发展改革委、中国银保监会、中国证监会、国家外汇管理局等部委到广西开展沿边金融综合改革暨打造面向东盟金融开放门户专题调研。在多轮次不断沟通协调后，2018 年 12 月，广西建设面向东盟的金融开放门户总体方案正式印发，广西在沿边金融综合改革收官之后迎来了又一金融领域的国家战略。

二　广西金融综合实力持续增强

（一）金融业各项指标稳中有进

金融业增加值及其占全区 GDP 的比重连续 5 年保持升势。2018 年，全区金融业增加值 1403.19 亿元，比 2014 年增加了 526.72 亿元；金融业增加值占全区 GDP 的比重为 6.89%，比 2014 年提高了 1.3 个百分点，连续 5 年保持上升态势，金融业在国民经济发展中的支柱地位不断增强（见图 1-1）。

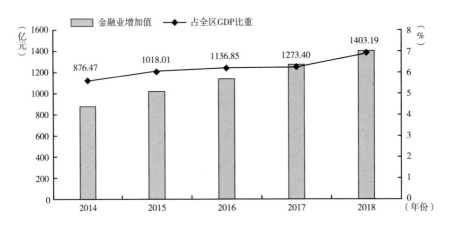

图 1-1　2014～2018 年广西金融业增加值及其占全区 GDP 比重

数据来源：自治区统计局。

金融机构本外币存贷款稳定增长。2018 年，广西金融机构本外币存、贷款余额分别为 29790 亿元、26688 亿元，分别比 2014 年增长了

46.76%、66.07%，年均增长率分别为 10.06%、13.52%。贷款增量创历史新高（见图 1-2）。2018 年，广西金融机构本外币贷款余额同比增长 14.91%，增速高于全国 2.05 个百分点，排全国第六位、西部第二位。

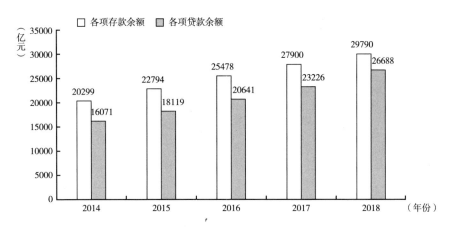

图 1-2　2014～2018 年广西金融机构本外币存贷款情况

数据来源：中国人民银行南宁中心支行。

银行业金融机构资产规模不断扩大。截至 2018 年末，广西银行业本外币资产总额 3.85 万亿元，比 2014 年（2014 年总资产 2.7 万亿元）增加了 1.15 万亿元，年均增长 9.36%；银行业盈利水平稳步提高，2015 年开始扭转负增长，2018 年末累计实现账面利润 406.47 亿元，同比增长 7.25%。

资本和保险市场不断发展。截至 2018 年末，广西共有 37 家 A 股上市公司，76 家新三板挂牌企业，区域性股权市场挂牌企业 2769 家。债券融资在连续 4 年下滑的基础上实现大幅增长，2018 年，全区债券融券规模达 161 亿元，同比增长 373.53%。保险业务保持较快增长，2018 年，全区保险业保费总收入为 629 亿元，比 2014 年增加了 316 亿元，增长了一倍多（见图 1-3）。

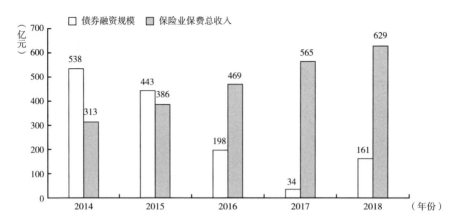

图1-3 2014～2018年广西金融业相关指标情况

注：债券融资为社会融资规模增量统计口径。
数据来源：中国人民银行南宁中心支行、广西银保监局。

（二）沿边金融综合改革圆满收官

跨境人民币业务创新成效显著。截至2018年末，广西跨境人民币结算总量达9715.38亿元，自广西沿边金融综合改革试验区建设以来，一直在全国8个边境省（区）中排名第一位。广西24家银行的332个分支机构开办了跨境人民币业务，3350家企业办理了人民币跨境结算，112个国家和地区与广西发生了跨境人民币收付。从2014年11月广西开展跨境人民币贷款试点至2018年末，广西26家企业从境外银行融入资金68.46亿元。打造人民币对东盟国家货币区域银行间交易平台，共发生人民币对柬埔寨瑞尔银行间市场区域交易22笔，成交金额338万元人民币，折合21亿柬埔寨瑞尔。打造广西连接东盟国家和地区银行的区域性跨境人民币业务清算平台，区域性跨境人民币业务（南宁）平台上线，已连接广西区内近2500个银行网点和境外近1000家代理行，覆盖港澳台、东盟、南亚及美、欧、日等主要经济体。截至2018年末，该平台共处理跨境人民币业务61199笔，清算金额3.61亿元。

贸易投资便利化不断增强。成功搭建面向东盟的外币现钞跨境调运通道，从第一笔调运业务开展至2018年末，广西银行累计调入越南盾9笔，金额350.66亿越南盾，折合154.66万美元；调入泰铢6笔，金额40535万泰铢，折合1272.66万美元。开展经常项目跨境外汇轧差净额结算试点，截至2018年末，广西8家企业开办试点业务，减少97.5%的资金汇兑量。实施全口径跨境融资宏观审慎管理政策，截至2018年末，广西办理全口径跨境融资业务96笔，签约金额30.42亿美元，提款金额27.36亿美元。试点开展跨国公司外汇资金集中运营，广西8家企业获得试点资格，累计借入外债折合2.93亿美元，累计对外放款4549.2万美元。

十大改革亮点和可复制可推广的经验。其主要包括人民币对越南盾银行柜台挂牌"抱团定价""轮值定价"模式、东兴边境贸易"互市＋金融服务"发展模式、农村金融改革"田东模式"、糖料蔗"保险＋期货"金融模式、融资担保"4321"模式、国内首创地方政府公共资产负债管理智能云平台、"助保贷"中小企业融资模式、沿边六市银行服务收费同城化、边境贸易跨境保险新模式、财政支持农业保险快速发展等。由清华大学、北京大学、对外经贸大学、中国社会科学院等高校院所专家联合组成的第三方评估专家组对广西沿边金融综合改革试验区建设进行了评估验收，充分肯定了广西沿边金融综合改革试验区取得的成效。

（三）农村金融改革不断升级

在全国率先将承包林地经营权抵押贷款纳入"两权"抵押贷款试点范围，全区林权抵押贷款余额达166亿元。农村信用体系建设不断加快，信用户、信用村、信用乡镇创建面分别达58.4%、57.1%、60%。金融扶贫动能凸显，2018年广西金融精准扶贫贷款余额达2204亿元，当年投放545亿元。其中，建档立卡贫困人口及已脱贫人口贷款367亿元，支持建档立卡贫困人口及已脱贫人口80万人；个人及产业带动精准扶贫贷款291亿元，带动建档立卡贫困人口34万人；项目精准扶贫贷款1545亿元，惠及搬迁贫困人口262万人次。

（四）社会融资体系不断优化

社会融资规模增量在2017年扭转了之前连续3年下滑趋势的基础上创历史新高，2018年社会融资规模增量达4172亿元，排全国第16位，排位名次比2014年提升了5位（见表1-1）。

贷款在不同领域间的分布更加均衡，制造业、信息技术、科学研究贷款比2018年初新增136.75亿元，小微企业贷款、涉农贷款比2018年初分别新增528.60亿元和482.71亿元，高耗能行业贷款增速明显放缓。证券保险业创新发挥保障作用，跨境机动车保险、劳务保险、农业保险、出口信用保险、小额贷款保证保险、糖料蔗保险、政策性保险都发挥了很好作用。在全国率先打造了省市县三级联动的政府性融资担保体系。

表1-1　2014~2018年广西社会融资规模增量及排位情况

指标	2014年	2015年	2016年	2017年	2018年
社会融资规模增量（亿元）	3109	2737	2617	3421	4172
在全国的排位（位）	21	23	22	19	16

数据来源：根据中国人民银行网站数据整理。

（五）引金入桂成效显著

与十多家大型金融机构深化战略合作，与国家开发银行联合举办"中国—东盟基础设施互联互通金融论坛"，并纳入中国—东盟博览会框架。引进东亚银行、广发银行、进出口银行、平安银行等银行在广西设立省级分支机构，新组建 6 家村镇银行；设立广西首家寿险法人机构——国富人寿保险股份有限公司，成立非银行支付机构法人——北海石基信息技术有限公司；相继成立金融租赁公司、财务公司、地方资产管理公司，累计引进 22 家全国性非银行支付机构分公司。设立广西—东盟"一带一路"产业投资基金。成功举办"一带一路"和"四个一百"重大项目"融资推介会"，签约 1048 亿元。

（六）风险处置有序推进

稳妥处置重大风险点。如国海证券风险事件处置及二次创业、快速查处 ST 惠球重大违规风险事件、化解"11 柳化债"回售兑付风险、化解 ST 河化退市风险等，有效防范了系统性、区域性风险的发生。其中柳化股份、河池化工等公司股票被证券交易所实施退市风险警示后，经过柳州市、河池市政府和公司大股东等有关方面的共同努力，通过地方政府给予财政补贴、受赠大股东现金资产等方式，成功实现扭亏保壳。

完善风险防控长效机制。银行业金融机构风险监测系统、宏观市场风险压力评估系统、存款保险管理系统、征信查询监管系统、银行卡收单业务监管平台建设和应用等快速推进。

金融联合监管不断强化。开发了边贸服务平台信息系统，实现人民银行、海关等部门间的监管信息共享。切实防范互联网金融风险，对 P2P 网络借贷领域开展风险排查，打击电信网络新型违法犯罪。开展专项行动，打击利用离岸公司和地下钱庄转移赃款行为。

三　沿边金融综合改革试验区建设成效显著

（一）跨境人民币业务创新成效显著

创新开展个人跨境贸易人民币结算试点。2013 年 7 月，广西在全国边境省份中率先开展个人跨境贸易人民币结算试点。2014 年 4 月，将个人跨境贸易人民币结算试点区域由东兴试验区拓展至整个沿边金融综合改革试验区，将业务种类拓展至跨境电子商务结算业务。试点以来，广西个人跨境人民币结算量大幅增长，2018 年，广西个人跨境贸易人民币结算量达 352 亿元，占同期广西跨境人民币结算量的 27%（见图 1 - 4）。

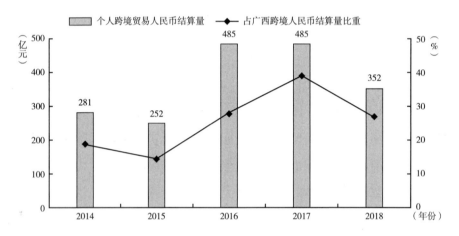

图 1 - 4 2014~2018 年广西个人跨境贸易人民币结算相关指标

数据来源：中国人民银行南宁中心支行。

创新口岸管理互联互通体系建设。立足数字化金融监管模式创新，于 2018 年 12 月 15 日上线运行广西边境口岸互市贸易结算互联互通信息平台，广西成为全国首个互市贸易结算与报关信息实现互联互通的省区。信息平台通过接入海关边民互市贸易报关数据，实现了报关数据和结算数据共享，既提高了监管效能，也为银行提供了贸易真实性核实渠道，银行业务真实性审核时间由以前的平均每笔近半个小时缩短至几分钟，大幅提升了边民互市贸易结算效率，做到"真边民、真交易、真结算"。

开展跨境人民币贷款业务试点。2014 年 11 月，广西开展跨境人民币贷款试点工作，允许在试验区注册成立并在试验区实际经营或投资的企业从东盟和南亚国家的银行业金融机构借入人民币资金，用于发展符合国家宏观调控方向和产业政策导向的实体经济。2017年5月，中国人民银行将该试点纳入全口径跨境融资宏观审慎管理。截至2018年末，广西已有26家企业从境外融入本外币资金，提款金额折合人民币68.46亿元。

打造人民币对东盟国家货币区域银行间交易平台。探索人民币对越南盾银行挂牌汇率定价机制，在东兴试验区上线运行东盟货币信息服务平台，形成了人民币对越南盾银行柜台挂牌"抱团定价""轮值定价"模式。推出人民币对东盟国家货币银行间市场区域交易，由广西区内工、农、中、建、交、北部湾等6家银行成立"广西银行间市场区域交易自律小组"，自律开展人民币对越南盾区域交易，形成透明的人民币对越南盾直接汇率。成功推出人民币对柬埔寨瑞尔区域挂牌交易。截至2018年末，共达成人民币对越南盾银行间市场区域交易33笔，成交金额3119万元人民币，折合1081亿越南盾；人民币对柬埔寨瑞尔银行间市场区域交易22笔，成交金额338万元人民币，折合21亿柬埔寨瑞尔。

鼓励银行开展境外项目人民币贷款业务。国家开发银行广西分行、中国建设银行广西分行、中国进出口银行广西分行、中国农业银行广西分行先后为柬埔寨加华银行、斯里兰卡科伦坡港口城基础设施项目、马来西亚关丹钢铁项目提供人民币贷款，累计发放贷款超过40亿元。

指导跨国企业集团开展跨境双向人民币资金池业务。为柳工、玉柴、北部湾国际港务集团等8家跨国集团企业办理跨境双向人民币资金池业务备案，核定跨境人民币资金净流入上限489亿元，企业资金池累计结算金额达38.9亿元，打通了跨国企业集团境内外资金流通渠道，提高了跨国企业集团跨境资金使用效率。

成功开展跨境外币现钞调运。成功搭建面向东盟的外币现钞跨境调运通道，从第一笔调运业务开展至 2018 年末，广西银行累计调入越南盾 9 笔，金额 350.66 亿越南盾，折合 154.66 万美元；调入泰铢 6 笔，金额 40535 万泰铢，折合 1272.66 万美元。

打造区域性跨境人民币业务清算平台。2014 年 12 月 19 日，区域性跨境人民币业务（南宁）平台上线。目前，该平台共连接广西区内近 2500 个银行网点和境外近 1000 家代理行，覆盖港澳台、东盟、南亚及美、欧、日等主要经济体。截至 2018 年末，该平台共处理跨境人民币业务 61199 笔，清算金额 3.61 亿元。

（二）金融组织体系不断完善

金融主体进一步多元化。银行金融机构方面，开发性、政策性银行和国有大型商业银行全部入驻，全国性股份制商业银行大部分落户，地方法人金融机构、外资银行实现从无到有；证券业金融机构方面，多层次资本市场逐步形成；保险行业方面，2017 年初，国富人寿保险股份有限公司获得保监会批准筹建，自此广西成为中西部地区少数同时拥有财产险和人身险保险法人机构"双牌照"的省份之一。此外，全区还有 4 家资产管理公司、3 家农村资金互助社、1 家金融租赁公司、2 家财务公司等非银金融机构。

银行服务网点增点扩面取得新进展。支持武汉农商行在广西批量组建 6 家村镇银行，鼓励大型银行、股份制银行、城商行在广西沿边沿海地区设立分支机构。目前，广西沿边六市银行网点数达 2636 个，较 2014 年增加了 164 个（见图 1-5）。

引进了更多优质证券期货公司分支机构。2014 年以来，试验区新增证券分公司 18 家、证券营业部 38 家、期货分公司 1 家、登记备案私募机构 65 家。截至 2018 年末，试验区内共有证券分公司 28 家，证券营业部 94 家，期货分公司 3 家，期货营业部 24 家，登记备案私募机构 72 家，公募基金公司 1 家（见表 1-2）。

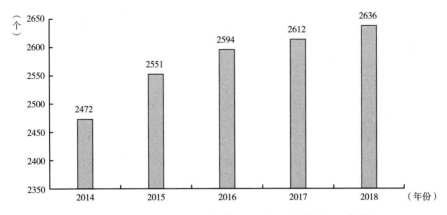

图 1-5　2014~2018 年广西沿边六市银行网点数

数据来源：广西银保监局。

表 1-2　2014~2018 年广西沿边六市证券期货机构情况

单位：家

类别	2014 年	2015 年	2016 年	2017 年	2018 年
证券分公司	9	14	19	26	28
证券营业部	56	62	92	95	94
期货分公司	2	2	2	2	3
私募机构	7	22	36	62	72
期货营业部	22	23	22	22	24

数据来源：广西证监局。

保险市场体系不断完善。2013 年初成立的北部湾财产保险股份有限公司，业务增长迅猛，成为同期新成立保险机构中发展最快的公司之一。2018 年 6 月获批开业国富人寿保险股份有限公司，广西正式实现产寿险"双牌照"。截至 2018 年末，试验区保险机构达到 42 家，比 2014 年增加 8 家（见图 1-6）。

（三）多层次资本市场培育稳步推进

上市企业数量不断增加。积极协调解决企业改制运行和申报上市存

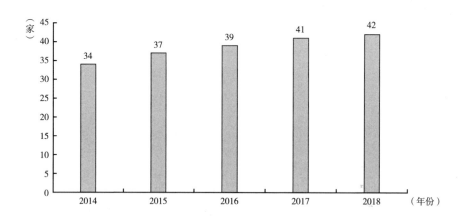

图 1-6　2014～2018 年广西沿边六市保险机构情况

数据来源：广西银保监局。

在的问题，支持广西企业上市、挂牌。2014 年以来，试验区新增 A 股上市公司 5 家，占全区新增上市公司的 71.43%，实现创业板"零"的突破；新增新三板挂牌公司 46 家，占全区新增挂牌公司的 54.76%。截至 2018 年末，试验区有 A 股上市公司 20 家，占广西全区的54.05%，较 2014 年增加了 5 家；新三板挂牌公司 42 家，区域性股权市场挂牌企业 2769 家（见表 1-3）。

表 1-3　2014～2018 年广西沿边六市上市企业情况

单位：家

指标	2014 年	2015 年	2016 年	2017 年	2018 年
A 股上市公司	15	18	19	19	20
新三板挂牌公司	1	14	26	39	42
区域性股权市场挂牌企业	49	397	638	897	2769

注：区域性股权交易市场数据为北部湾股权交易所挂牌企业数据，未包括南宁股权交易中心挂牌企业数据。

数据来源：广西证监局。

　　多层次股权市场建设步伐加快。引导区域性股权市场规范发展，积极推动北部湾股权交易所完成对南宁股权交易中心的整合工作，成为全国首个完成区域性股权市场运营机构整合的省区，区域性股权市场私募融资约5亿元。"主板—中小板—创业板—新三板—区域性股权市场"的多层次股权市场建设不断加快，企业利用资本市场意识大幅提升。2014年以来，试验区内上市公司股权融资额473.61亿元；新三板挂牌公司增发融资额28.48亿元（见表1-4）。试验区内多家企业利用资本市场做大做强，北部湾港通过多次资产重组盘活了广西港务集团存量资产，成为"一带一路"重要节点企业；桂冠电力先后装入岩滩、龙滩水电站，公司发电装机容量、资产规模和盈利能力均实现大幅增长，成为中国水电领域有重要影响的企业；恒逸石化成功发行首单境内上市公司"一带一路"公司债券，助力公司在文莱的"一带一路"重点项目建设。

表1-4　2014~2018年广西沿边六市多层次股权市场融资情况

单位：亿元

指标	2014年	2015年	2016年	2017年	2018年
上市公司股权融资额	29.37	250.67	84.40	10.97	98.20
新三板挂牌公司增发融资额	0	20.3	6.35	1.17	0.66

　　注：上市公司仅指A股上市公司。
　　数据来源：广西证监局。

　　金融市场主体培育力度不断加大。推动广西北部湾银行获得非金融企业债务融资工具承销商资格和信贷资产证券化资格。引导试验区内7家法人金融机构成功加入全国银行间市场。成功培育和推动试验区内近40家法人金融机构获得实物黄金代理业务开办资格。支持广西金融电子结算服务中心取得上海黄金交易所金融类会员资格，实现广西法人零的突破。

　　债券市场融资扩容增量。引导试验区内金融机构发行各项金融债券（含同业存单）近800亿元。推动试验区内非金融企业累计发行债券超过 2500 亿元，其中，引导广西交通投资集团成功发行 15 亿元全区首笔扶贫中期票据，推动企业累计发行永续中期票据 155 亿元，协助广西金融投资集团在香港发行广西单笔规模最大的三年期 5 亿美元境外债券。2014 年以来，广西沿边大市企业通过公司债券、资产证券化等债券融资 714.71 亿元（见表 1-5）。

表 1-5　2014~2018 年广西沿边六市企业债券融资额

单位：亿元

指标	2014 年	2015 年	2016 年	2017 年	2018 年
债券融资额	0	195.23	268.90	106.24	144.34

注：债券融资额仅包括中国证监会主管的公司债、可转债、可交换债及资产支持证券，不包括发改部门主管的企业债和银行间市场交易商协会市场的短融、中票等品种。

数据来源：广西证监局。

（四）保险市场实现跨越发展

跨境保险服务水平显著提升。一方面，跨境保险产品从无到有。2014 年以来，试验区开展跨境机动车辆保险、跨境务工人员意外伤害保险、出境旅游保险等创新型保险，将境外医疗救援、境外旅行综合救助纳入保险服务范畴，不断提升跨境保险服务水平。2017 年，在广西落地的机动车辆出境综合商业保险"第一单"填补了全国出境车险产品的空白。2018 年，创建"银关保"便利通关服务模式并正式启动关税保证保险改革试点，有效降低企业因获取海关通关所需的银行保函担保的难度，至 2018 年底，累计帮助 13 家企业价值超 10 亿元货物实现免交保证金通关。在崇左等市启动跨境劳务人员人身意外保险试点，为中越劳务合作提供保险保障支持。2016~2018 年，承保跨境劳务人员近 19 万人次，累计提供风险保障超 320 亿元，为中国—东盟劳务合作营造了良好外来务工环境，保险服务边贸活动基础不断巩固。另一方面，不断优化跨境服务体系。推动服务网点下沉。目前，试验区共有全国跨境保险支公司 1 家，跨境保险服务中心及国家一类口岸保险服务网点 7 个。优化服务流程，使跨境车险出单时间压缩至 30 秒左右。此外，将境外医疗救援、旅行综合救助纳入保险服务范畴，提升了出境游客的保险保障水平。

小额贷款保证保险取得突破性进展。2015 年出台了《关于开展小额贷款保证保险试点工作的实施意见》，在南宁、钦州等七个地市试点开展小额贷款保证保险。2014～2018 年，广西"政银保"模式下的小微企业贷款保证保险支持小微企业获得融资 5.51 亿元，融资成本显著低于融资性担保公司等其他渠道。

农业保险实现跨越式发展。通过农业保险提高农业产业抗风险能力，解农业生产"靠天吃饭"的难题，为农业生产提供灾害损失补偿。中央和地方特色农业保险险种涵盖香蕉、烟叶、田七、大蚝、对虾等近 30 种特色农产品。2014～2018 年，累计为超过 2000 余万户次农民提供了近 4400 亿元的风险保障，风险保障水平逐年深化。在全国首创糖料蔗价格指数保险试点，有效促进了全区蔗糖产业的健康可持续发展。2014～2018 年，沿边六市保费收入规模年均增速为 18.22%，整体发展稳中向好（见图 1－7）。

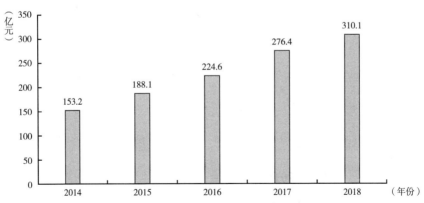

图 1－7　2014～2018 年广西沿边六市保险收入规模

数据来源：广西银保监局。

（五）农村金融改革不断升级

推进农村"两权"抵押贷款试点。综合运用 MPA、再贷款等政策工具，对金融机构投放"两权"抵押贷款所需资金敞开足额供给，并在 MPA 考核和信贷调控中放宽容忍度，确保其有足够的信贷投放空间。2018 年末，广西试点县（市、区）农村承包土地经营权抵押贷款余额 16.08 亿元，同比增长 76.61%；田阳县农房抵押贷款余额为 1.27 亿元，同比增长 1268.39%。

深入推进金融精准扶贫。自主创新开发的金融精准扶贫信息系统得到中国人民银行总行肯定，被中国人民银行总行评为 2017 年度银行科技发展奖三等奖。金融机构积极主动对接扶贫对象的资金需求，在 2017 年"扶贫日"金融机构与扶贫企业现场签约 260 亿元，2018 年助力百色市成功发行 1.8 亿元全国首单地市级扶贫资产证券化产品，并创新推出"致富贷""边贸市场贷""惠农 e 贷""边民贷"等扶贫特色产品和服务。截至 2018 年末，沿边金融综合改革试验区金融精准扶贫贷款余额达 1617 亿元，较 2015 年增长了 99.38%（见图 1-8）。

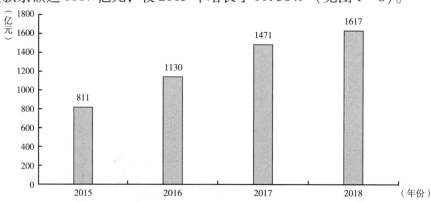

图 1-8　2015～2018 年广西沿边六市金融精准扶贫贷款余额

注：金融精准扶贫贷款自 2015 年起统计，2014 年无数据；2018 年数据为口径调整后的数据。

数据来源：中国人民银行南宁中心支行。

农村金融机构改革加快推进。2016 年，崇左市率先实现农商行全覆盖。2017 年，南宁、防城港、钦州实现农商行改制零的突破。截至 2018 年末，试验区共成立 21 家农商行，较 2014 年增加 15 家（见图 1-9）。在试验区先行先试村镇银行批量设立模式，6 家新设金融机构中 5 家放在沿边金融综合改革试验区，南宁市率先实现村镇银行县域全覆盖。

农村金融服务体系不断完善。2014~2018 年，试验区内农村的银行网点从 1161 个增长到 1415 个，现代化支付清算系统对银行网点的覆盖率达 100%；ATM 机从 2282 台增长到 4790 台，POS 机从 4643 台增长到 6.14 万台，银行卡累计发卡量从 1699.15 万张增长到 3476 万张。截至 2018 年末，试验区共建设惠农支付服务点 7567 个，支付服务覆盖全部行政村。推进农户信用信息系统建设、农村信用"四级联创"和"三农金融服务室"创建工作。截至 2018 年末，试验区内地方政府及金融机构累计投入建设资金 4211 万元，3 个市、27 个县（市）、17 个区建立或在建农户信用信息系统；建立农户信用档案 267.8 万户，评定信用户 213.4 万户、信用村 3060 个、信用乡（镇）246 个，创建面分别达到 58.4%、57.1%、60%；创建信用县 2 个。试验区金融机构向

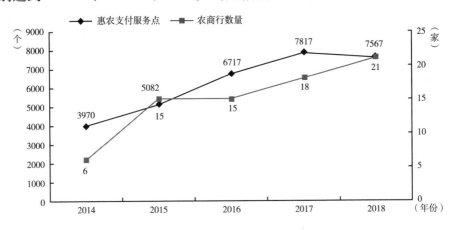

图 1-9 2014~2018 广西沿边六市农村金融机构设立情况

数据来源：中国人民银行南宁中心支行。

信用农户累计投放贷款 1339 亿元，贷款结存余额 597 亿元，信用农户有效贷款满足率超过 90%，呈现农户得实惠、银行有效益、经济促发展的"三赢"格局。

（六）贸易投资便利化程度不断加强

实现了面向东盟的外币现钞跨境调运。2017 年 8 月，中国银行崇左分行与越南投资与发展银行谅山分行合作完成了 35 亿越南盾（折合 102 万元人民币）现钞的通关入境。2017 年 9 月，中国银行在广西成立了中国银行东盟货币现钞调运中心，为调运东盟货币现钞业务常态化打下坚实基础。2018 年，广西银行共调运外币现钞 8 笔，金额折合 3354.85 万美元，其中，调入越南盾现钞 4 笔，金额 232.7 亿越南盾，折合 102.41 万美元；调入泰铢现钞 4 笔，金额 25026 万泰铢，折合 800.32 万美元。从第一笔调运业务开展至 2018 年底，广西银行累计调入越南盾 9 笔，金额 350.66 亿越南盾，折合 154.66 万美元；调入泰铢 6 笔，金额 40535 万泰铢，折合 1272.66 万美元。

开展了经常项目跨境外汇轧差净额结算。允许境内企业与境外同一交易对手在一定时期内对经常项目下的外汇应收应付款项进行抵扣，仅收付差额。截至 2018 年末，广西辖区共有 8 家企业开办经常项目跨境外汇轧差净额结算试点业务，其中，7 家企业为货物贸易项下，1 家企业为服务贸易项下。企业纳入轧差净额结算的收支规模占其结算总规模的平均比重为 46.91%，最大达到 87.78%，试点企业使用轧差净额结算的热情高涨。截至 2018 年末，广西共办理轧差净额结算实际收付业务 174 笔，金额 3212.8 万美元。通过轧差净额结算，企业免去了 170 笔、金额 14.59 亿美元的收支汇兑业务。

边境贸易外汇收支实现了差异化管理。通过对边境小额贸易企业设置特殊标识，允许企业的货物贸易监测指标与全区平均水平有较大偏离度。截至 2018 年末，广西共对 632 家符合条件的边贸企业实施外汇收支差异化标识管理，占边境地区名录企业总数的21.16%。

推进了全口径跨境融资宏观审慎管理。2017年5月，跨境人民币贷款试点纳入全口径跨境融资宏观审慎管理。截至2018年末，广西共办理全口径跨境融资业务96笔，签约金额30.42亿美元，提款金额27.36亿美元。

开展了跨国公司外汇资金集中运营试点。全面启动跨国公司外汇资金集中运营升级版政策，推动外债比例自律管理业务、离岸资金在岸归集、对外放款等改革试点政策落地实施。截至2018年末，广西共8家企业获得跨国公司外汇资金集中运营试点资格，试点企业累计借入外债29319.12万美元，累计发生对外放款4549.2万美元。

试行外商投资企业外汇资本金意愿结汇改革。率先在中马钦州产业园区试行外商投资企业外汇资本金意愿结汇改革，为2016年国家外汇管理局在全国范围内推广企业外债资金结汇管理方式改革、统一规范资本项目外汇收入意愿结汇及支付管理改革积累了经验。

开展了外商投资股权投资类企业试点。2015年6月，在中马钦州产业园区先行先试外商投资股权投资类企业试点。2015年9月将外商投资股权投资类企业推广至全区实施。

（七）金融基础设施建设跨境合作有序开展

编制发布了中国—东盟（南宁）货币指数（Nanning CAMI）。中国—东盟（南宁）货币指数是"中国—东盟信息港"金融信息平台建设的一个基础性内容。它通过采集人民币对东盟主要国家货币汇率数据及中国对东盟国家的贸易数据，借鉴"美元指数""欧元指数"等货币指数的编制方法，客观、全面表征人民币对东盟国家货币汇率的波动情况，为区域内自由贸易提供高效直接的货币兑换依据和参数。CAMI于2015年12月15日首次发布，目前已成为东盟+中日韩"10+3"宏观经济研究办公室跟踪研究标的，也是中国与东盟国家货币金融往来的重要旗帜和标杆，其持续运营有助于增强区域货币合作意识，推动区域货币直接挂牌交易，促进贸易投资便利化，完善区域金融风险防控机制。

建设了跨境金融信息服务平台。2017年南宁市与新华社中国经济信息社广西中心合作共建了中国—东盟（南宁）金融服务平台。

（八）地方金融管理体制不断完善

科学界定了地方金融管理的职责边界。出台了《关于明确地方金融监管职责和风险处置责任的意见》，明确界定了区、市、县三级政府金融管理职责边界。

建立了试验区监管合作机制。自治区金融办、中国人民银行南宁中心支行、原广西银监局、广西证监局、原广西保监局与广西沿边六市共同签署了《建立沿边金融综合改革试验区金融合作监管备忘录》。开发了边贸服务平台信息系统，实现了人民银行、海关等部门间的监管信息共享。

（九）金融改革风险防范稳妥有力

建立了试验区金融生态环境评估体系。制定《广西沿边金融综合改革试验区金融生态评估指标体系》，连续两年对试验区各县域金融生态环境进行评估，进一步摸清了试验区县域金融生态环境真实状况，推进了试验区金融生态环境建设，有效提升了试验区金融生态环境层级，为实现"引金入桂"等发展战略和防控金融风险等监管目标夯实了基础。

建立跨境资金流动统计监测等预警机制。使用自主研发的国际收支间接申报非现场核查系统，对跨境资金异常流出企业进行筛选和重点关注，对跨境非法集资、洗钱、恐怖融资等犯罪行为的打击力度不断加大。

强化沿边地区反假币、反洗钱监管。2016年中越首次反假货币合作联席会议暨中越货币防伪技术与反假培训会在广西东兴举行；2017年跨境反假货币工作（南宁）中心在南宁挂牌成立，随后防城港、崇左、百色三地反假货币分中心及所辖沿边7个县级反假货币工作站陆续成立，建立和完善了跨境反假货币的工作机制和协作机制，为人民币在东盟国家跨境流通提供了服务平台和安全保障，积累了人民币现钞域外流通的管理经验。探索沿边反洗钱特色监管，将货币兑换特许机构纳入反洗钱监管范围，强化对沿边地区金融机构的反洗钱监管力度。推动沿边各银行机构将反洗钱合作内容写入与越南方面银行签订的《边贸结算业务合作协议书》。加强与海关、公安局打击走私犯罪和洗钱犯罪合作，积极开展中越边境地区反洗钱宣传。

强化地方监管平台建设。南宁市在全国率先打造地方政府公共资产负债管理智能云平台，推进了扶贫资金监管、财政、国资等一体化系统建设，提升了财政扶贫资金监管规范性、使用透明性，有效防控了地方政府债务风险。同时，搭建南宁市地方金融监管信息平台，完善社会信息、金融市场信息和网络舆情的数据采集、分析和监测预警功能，建设了金融网络风险信息监测模块，实现对非法集资、网络借贷等金融网络风险信息的实时监测和预警。

（十）跨境金融合作交流机制不断健全

积极开展组团出访交流。先后组团出访韩国、老挝、柬埔寨、越南，积极宣传广西对外金融合作政策和措施，推介跨境人民币相关政策，重点围绕货币结算、金融合作开放、跨境征信、反洗钱合作、人才合作交流与培训、常态化联系机制建设等议题开展交流。中国人民银行南宁中心支行加入广西政府与越南边境四省联合工作委员会，与越南金融管理部门交流平台不断扩大。

积极举办金融合作与发展论坛。充分利用中国—东盟博览会平台，成功举办10届中国—东盟金融合作与发展领袖论坛，论坛已成为中国—东盟金融界增进互信、共谋合作发展的重要平台。

加强保险合作交流。成功举办4届"中国—东盟保险合作与发展论坛"，论坛已逐步发展为深化中国与东盟国家、"一带一路"沿线国家及地区保险监管和业务合作的一项重要机制，为扩大"偿二代"的国际影响力，服务中国—东盟经贸发展，支持"一带一路"建设做出了积极贡献。积极开展国际保险合作创新，平安产险、人保财险先后与越南保越保险公司建立合作机制，签订委托代理查勘协议，相互代理跨境车险查勘定损工作，开通境内、境外双向报案通道，对责任明确的案件允许按特殊流程现场预支理赔款项，为出境车辆出险时的快速查勘结案提供了保证，大大提高了理赔效率。

2

可复制可推广的经验

五年来，广西沿边金融综合改革成果丰硕，亮点纷呈，在跨境人民币业务创新、边贸金融、农村金融、糖料蔗价格指数保险、融资担保、地方政府公共资产负债管理、中小企业融资、银行服务收费同城化、跨境保险、政策性保险等领域为我国深入推进金融改革开放提供了一系列可复制可推广的典型经验，实现了沿边金融综合改革的完美收官。

一　中越汇率定价东兴模式

人民币兑越南盾柜台挂牌"抱团定价""轮值定价"模式，即由工、农、中、建4家商业银行每周轮值报价，每日在东盟货币信息服务平台发布人民币兑越南盾柜台挂牌汇价、中方银行人民币买入越南盾指导价和越南代理银行人民币购售美元汇价等三个价格，供各参与行共同执行。这一模式被提炼总结为"东兴模式"，目前已被成功推广至崇左、百色等中越边境地区。

（一）主要做法

建设中国（广西东兴试验区）东盟货币服务平台。2014年4月1日，由防城港市金融学会牵头，防城港市内中国工商银行、中国农业银行、中国银行、中国建设银行、北部湾银行等5家商业银行（支行）共同参与，建设成立中国（广西东兴试验区）东盟货币服务平台（以下简称"平台"），成为目前云南、广西两省（区）唯一一家专门为推进沿边金融综合改革试验区在边境一线设立的银行业务中心。平台采取人民币对越南盾一周一次由成员银行"抱团定价"，中国工商银行、中国农业银行、中国银行、中国建设银行（支行）"轮值定价"模式，统一对客卖出越南盾报价，实现了人民币对越南盾的直接报价兑换。平台通过依托广西金融城域网建成越南盾交易数据信息网络平台，为各成员银行提供越南盾交易报价和成交信息。越方银行买入人民币价格信息在平台同屏显示。开办以来至2018年12月末，平台共开展越南盾交易66248笔，交易金额1156.12亿元。

建设中国（广西东兴试验区）东盟货币业务中心。2014年4月26日，中国（广西东兴试验区）东盟货币业务中心（以下简称中心）正式挂牌运行，每天通过采集人民币、越南盾上日交易信息数据，以人民币兑美元、美元兑越南盾的汇率计算出人民币兑越南盾基准汇率，并以"一日多价"形式确定人民币和越南盾交易汇率报价。在首次实现了人民币对越南盾的直接报价交易后，中心又相继完成了对印度尼西亚卢比、马来西亚林吉特、菲律宾比索、新加坡元、泰铢、老挝基普、缅甸缅币、柬埔寨瑞尔等九个币种汇率的挂牌交易，有效促进了人民币跨境双向流通和与东盟货币交易兑换。中心还搭建了人民币与东盟货币资金交易平台，发布资金交易需求信息，撮合交易。同时，中心是交易实体，开办边贸结算业务和进行货币资金平盘交易。此外，中心还成功发布"人民币对东盟货币汇率指数"和"越南盾指数"。

（二）取得的成效

提高了中方边贸结算银行的汇率定价权。人民币对越南盾银行柜台挂牌"抱团定价""轮值定价"模式被提炼总结为"东兴模式"，并被成功推广至崇左、百色等中越边境地区，逐步形成广西市场的统一汇率报价，强化了中方银行越南盾汇率定价主导性，构建起统一、高效的人民币对越南盾汇率"零售市场"价格发现体系。据统计，从2014年4月1日服务平台正式上线至2018年6月末，东兴试验区各商业银行依托平台实现人民币越南盾交易共计 61717 笔，交易金额合计 1074.20 亿元（折合 368.01 万亿越南盾）。

形成了人民币兑越南盾汇率发布机制。2014 年 12 月，上海外汇交易中心挂牌建立越南盾交易子系统，正式把中国（广西东兴试验区）东盟货币服务平台形成的汇率作为上海外汇交易中心的官方汇率。

有利于对中越跨境资金流动的风险监测和管控。公开、透明、优惠的银行挂牌汇价促进了边贸结算业务由"地摊银行"转入正规银行体系。截至 2018 年末，广西已有 14 家银行开办人民币兑越南盾柜台挂牌交易，东兴、凭祥、靖西三地银行通过服务平台累计办理人民币对越南盾对客柜台挂牌交易 8.7 万笔，交易金额 978 亿元人民币，折合 319 万亿越南盾。跨境结算业务回归银行体系，有利于对中越跨境资金流动进行风险监测和管控。

促进了广西边贸结算业务便利化、规范化发展。中国（广西东兴试验区）东盟货币业务中心实现了人民币与东盟货币的挂牌兑换和交易，彻底摆脱在汇率定价和资金清算方面对越南"地摊银行"的依赖，此外，中心的设立运行降低了人民币与东盟货币交易手续费，有效避免了美元汇率波动带来的风险，使得广西的边贸结算业务不断向便利化、规范化方向发展。

二 "互市 + 金融服务"边贸模式

近年来，东兴市充分发挥区位独特优势，以建设沿边金融综合改革试验区为契机，创新"互市 + 金融服务"互市贸易新模式，带动互市企业与边民互助组互利共赢，助力脱贫攻坚，实现稳边兴边固边。

（一）主要做法

批准成立首家边民信用合作社。为了缓解边民金融供给有限、融资难等问题，合理引导东兴市民间资本流向，加快边贸转型升级，东兴市于2016年底批复筹建东兴市百源边民信用互助社，2017年4月百源边民信用互助社开业。

创新边民互市贸易模式。为了缓解边民金融供给有限、融资难问题，东兴市充分利用国家给予边民"每人每天交易8000元货物全免关税和环节税"的优惠政策，东兴市组建了以一个党支部领航，N个边民互助组（每组成员20人以上），每组吸纳一户贫困户的边境贸易"1＋n20＋1"模式，以集体方式抱团参与边境贸易，集中使用边民的免税额度，不断做大边贸规模。

制定针对性扶持政策。由财政按基准利率贴息在指定金融机构，给予每位边民互助组成员2万元授信资金，每个边民互助组100万元的信用贷款；对具备能力的贫困户，由指定银行提供5万元以下，3年内免抵押、免担保的小额信用贷款。2016年，东兴市通过财政贴息由农商银行和村镇银行贷款给边民互助组和贫困户的资金达179.5万元，京华公司每月贴息40多万元向银行贷款3600万元资助边民互助组参与互市贸易活动，解决了边民互助组的经营资金问题。互助组的贷款资金既可直接参与边贸获得收入，也可以免税额入股，并根据所占股份分红，实现了"互市＋金融服务"扶贫模式的良性循环。

（二）取得的成效

带动了边民就业。截至2018年底，边境贸易"互市＋金融服务"模式，惠及贫困边民113人就业，贫困边民实现月收入750元，有效解决了贫困边民的就业问题，确保了贫困边民的收入稳定。

推动了边贸快速发展。经过短短几年的发展，目前东兴市的边民互助组已发展到128个，参加边民互助组的边民达3334人。2018年1～12月，该市边民互助组互市贸易进出口总额达27.44亿美元，占全市互市贸易进出口总额的97.65%，同比增长32%，成为推动互市贸易快速发展的主要力量。

推动了脱贫攻坚。通过"互市＋金融服务"，建立了以边民互助合作组织开展边民互市贸易的新模式。边民互助组通过吸纳一定数量的贫困边民，带动边民直接参与边贸获得收入或者根据所占股份取得分红，有效促进了互市贸易引领脱贫。据统计，2018年参与互助组的贫困边民人均增收达1.08万元。

三 农村金融改革田东模式

作为全国农村金融改革试点县，田东县以信用体系建设为重点，以支付体系建设为基础，以信贷产品创新为动力，探索构建为农户增资增信的机构、信用、支付、保险、担保、村级服务组织等"六大体系"，形成多层次、广覆盖、可持续的农村金融发展"田东模式"，有效缓解了贫困户资金缺、贷款难问题。

（一）主要做法

构建农户信用体系，精准识别扶贫对象。开发适合田东县的农户信用信息系统，成为金融机构发放无联保、无担保、无抵押的农户信用贷款的决策依据，并根据扶贫攻坚的工作目标，在农户信用信息系统中嵌入"精准扶贫"模块，采集标识全县贫困户信用信息，实现精准识别扶贫对象、精确落实扶贫措施、精细管理扶贫资源三大功能，率先在广西实现精准、科学扶贫。

构建组织机构体系，扩大金融扶贫服务主体。鼓励、支持各类金融机构进驻田东，解决金融机构种类不齐、网点覆盖率低的难题，形成国有商业银行、农合机构、村镇银行、小额贷款公司、资金互助社等传统金融与新型农村金融错位发展、相互补充、梯度搭配的市场架构，基本满足不同经济主体融资需求，有效解决"一社难支三农"的难题。

构建支付结算体系，解决扶贫对象支付需求"最后一公里"问题。通过推动金融机构乡镇网点接入大小额支付系统，在乡镇和村屯布放ATM机、POS机及自助服务终端，实现转账支付电话"村村通"，成为广西首个实现"乡镇级金融网点跨行资金汇划乡乡通"和转账支付电话"村村通"的县份。个人网银、短信通等服务方式得到广泛使用，现代化支付方式覆盖所有行政村，被中国人民银行确定为"全国农村支付服务环境建设联系点"。

构建农业保险体系，增强扶贫对象抵御风险能力。推动田东县保险机构开办甘蔗、香蕉、竹子、水稻、芒果等13种农业保险险种以及农村小额人身保险、留守儿童意外伤害保险、农村独生子女家庭爱心保险、残疾人保险等民生系列保险险种，有效保障贫困户的生产生活。推动保险经办机构在全县所有乡镇均建立"三农"保险服务站，在所有行政村（含社区）设立"三农保险服务点"，形成县、乡、村三级保险服务网络，农村的保险服务体系基本形成。

构建抵押担保体系，化解扶贫对象抵押担保难题。依托建立起的广西首家县级农村产权交易机构，推动金融机构尝试开办"两权"抵押贷款。同时，推动政府引进广西金融投资集团融资性担保公司在田东设立金融综合服务中心，开展战略合作；引导和推动田东县财政全额出资3000万元设立田东县助农融资担保有限公司。融资担保流程不断简化，银担合作机制不断完善。

构建村级金融服务体系，把金融服务前置到村一级。在行政村设立"三农金融服务室"，发挥其连接金融机构和农民的桥梁与纽带作用，推进金融知识宣传、信用信息采集、贷款调查、还款催收、保险业务办理等前置到村，实现农民足不出村就可享受"一站式"金融服务。

（二）取得的成效

为广大农民提供了更"接地气"的金融服务。"农金村办"把金融服务向村屯一线延伸。贫困村"三农金融服务室"成员由驻村干部、大学生村官、贫困村第一书记、村"两委"成员、经济能人组成，他们比银行信贷员更熟悉农户生产生活和信用信息情况，有利于搭建金融机构与贫困户间的沟通桥梁，也有助于解决贫困地区金融网点不足、人员短缺问题，降低了工作成本，提高了工作效率。

有效提升了全县农村金融供给能力。全县各项存款余额由 2008 年的 30.45 亿元增长到 2018 年的 122.17 亿元，年均增幅 14.9%；各项贷款余额由 2008 年的 23.07 亿元增长到 2018 年的 109.65 亿元，年均增幅 16.87%；涉农贷款余额由 2008 年的 15.37 亿元增长到 2018 年的 82.4 亿元，年均增幅 18.28%，占全部贷款余额的比重保持在 70% 左右；农户信用评级覆盖率实现从无到有，2018 年达到 70%；每万人拥有银行机构网点数从 2008 年的 0.99 个上升到 2018 年的 1.1 个；农村金融机构不良贷款率较低且呈下降趋势，从 2008 年的 2.36% 降至 2017 年的 1.66%[①]。

促进了城乡金融服务"均等化"。通过农村金融改革，广大农民群众特别是贫困户都获得了贷款的权利和资格。农户贷款覆盖率从 2008 年的 26% 上升到 2018 年的 89.12%；农户贷款的满足率从 2008 年的 35% 上升到 2018 年的 97.5%；农户平均单笔贷款额由 2008 年的 1.86 万元上升到 2018 年的 14.86 万元。

有力助推了脱贫攻坚。田东县依托农村金融改革探索金融扶贫。2008 年以来累计向 1.7 万户贫困户发放小额贷款 7.01 亿元。2016～2018 年，共向 5305 户贫困户发放小额扶贫贷款 2.38 亿元。在农村金融的大力扶持下，田东县脱贫事业成效显著。2018 年，全县 6615 人脱贫，贫困发生率降到 2.16%。

改革试验成果得到有效转化。田东县的农村金融改革得到中央的高度肯定。习近平总书记指出："广西田东县通过建设机构、信用、支

---

① 2018 年不良贷款率 4.06% 为监管指标口径变化所致。

付、保险、担保、村级服务组织等六大金融服务体系，有效缓解了贫困户资金缺、贷款难问题。"田东县的金融扶贫经验成果转化为中央文件。农村金融改革"升级版"思路得到中国人民银行研究局持续支持。2018年初，全国农村改革试验区办公室下发《农村改革试验区改革实践案例集（第三辑）》，将田东"农金村办"模式向全国推广。

四 糖料蔗金融风险分散模式

为贯彻中央一号文件精神，提升保险服务实体经济能力和水平，广西持续推动糖料蔗价格指数保险试点，通过创新"保险＋期货"金融模式，更好服务广西蔗糖产业发展。

（一）主要做法

建立联动式的保险保障机制。试点以广西现行的糖料蔗政府统一定价机制为基础，在保险合同中设置合理的糖料蔗保障价格并与蔗糖价格联动：考虑到物价上涨可能带来的成本增长及蔗农的合理种植收益预期，设定480元/吨的基础保底保险价格，同时依据白糖以及糖料蔗价格历史变动数据，区分低价、平价和高价三个区间，建立了保险价格随当期糖价水平上涨同步提高的联动机制，确保价格下跌有保底，价格适中有收益，价格上涨有补偿。新的保险价格的设置，有助于保障蔗农收入，提升蔗农种植意愿。

建立组合式的风险分散模式。机构层面，由四家保险公司组成了共保体共同承保；与期货公司合作层面，共保体与三家期货公司签订合作协议，购买看跌期权，通过期货市场转移分散风险。通过构建多层次的风险分散机制，承保公司风险得到了有效分散，风险可控可测，确保了试点的稳健运行。

建立便捷的保险理赔流程。试点改变了传统农业保险先报案再查勘后理赔的模式，创新建立了触发式赔付的便捷理赔流程。保险期间结束后，当蔗糖价格达到触发条件时，赔付数量和赔款金额可由保险公司系统自动计算得出，当日即可完成赔款金额核定，赔款由系统自动支付到农户个人银行账户，10 个工作日即可完成全部理赔，理赔周期大幅缩短一半以上，不但降低了大量理赔中间成本，还有效提升了理赔服务质量。

（二）取得的成效

为探索"保险＋期货"分散市场风险奠定坚实基础。糖料蔗价格保险运用"保险＋期货"这一农业保险风险分散模式，形成财政资金、保险资金与期货市场结合的多重资金保障，可以有效提高财政资金的使用效率。同时，"保险＋期货"的模式打开了农业生产者与金融市场的分散通道，保险公司通过"零售变打包"的服务形式，以低廉的价格帮助农户及企业进行风险分散，消除了农业生产者利用金融衍生品分散风险的壁垒。

为大宗农产品价补改革创新提供试点经验。糖料蔗价格保险有效结合了国家支持农业保险创新政策，属于国际贸易规则认可的"绿箱政策"，也是中央"价补分离"的有益探索，促进了一二三产业的融合与发展，为国家改革大宗农产品价格补贴政策提供了试点经验。

为广大蔗农稳收增收提供了风险保障。开展试点的首年，参加保险试点的蔗农可以享受到每亩 30 元的保险赔款，按照大户种植 50～80 亩测算，每户可增加净种植收益 1500～2400 元，按照 2015 年广西农村居民人均纯收入 9467 元、户均人口 3 人计算，可提高家庭纯收入 5～10 个百分点。因此，通过糖料蔗价格保险，在一定程度上实现了蔗农稳收增收的政策目的。

五　融资担保"4321"模式

近年来，广西通过持续推进融资担保体制机制改革创新，扎实推进

"4321" 业务，率先在全国打造以广西再担保有限公司为核心、各市小微企业融资担保公司为骨干、广西农业信贷融资担保有限公司为农业担保龙头的自治区、市、县三级联动的政府性融资担保体系，开展由政府性融资担保机构、广西再担保有限公司、银行业金融机构、融资担保业务发生地设区市或县级财政按照 4:3:2:1 的比例分担代偿责任的担保业务，有力支持了全区经济社会发展。

（一）主要做法

政府高度重视。为贯彻落实《国务院关于促进融资担保行业加快发展的意见》（国发〔2015〕43 号）要求，自治区人民政府印发了《关于加快政府性融资担保体系建设的意见》（桂政发〔2016〕62 号），在全国率先打造了一个全新的、准公益性的、服务小微企业和"三农"的政府性融资担保体系。

深化新型银担合作与风险分担机制。广西银担合作及风险分担业务以 "4321" 业务为主，"28""37""532" 等多种分担模式并存。"4321" 业务即市级小微企业融资担保公司、广西再担保有限公司、银行业金融机构、融资担保业务发生地设区市或县级财政按照 4:3:2:1 的比例分担代偿责任的担保业务，并明确落实银行业金融机构 20% 的风险分担责任。

建立资本金持续补充机制。桂政发〔2016〕62 号文件明确了广西再担保有限公司及各市小微企业融资担保公司的初始资本金规模和资本金持续补充机制，使政府性融资担保机构实力不断增强。

建立代偿补偿机制。自治区财政厅、部分市级财政部门已按照桂政发〔2016〕62 文件要求，按照分级负责、属地管理原则分别建立政府性融资担保代偿补偿机制。对开展 "4321" 政府性融资担保业务发生的代偿，自治区本级负责对广西再担保有限公司进行补偿；设区市、县级政府负责对辖区内政府性融资担保机构（含非本级政府性融资担机构在辖区内设立的分支机构）进行补偿。

实施考核评价机制。将政府性融资担保体系建设情况和准公益性融资担保服务规模纳入自治区对设区的市年度绩效考核。对合作银行参与政府性融资担保业务情况进行考核。对政府性融资担保机构开展专项考核。

建立联席会议协调机制。建立了以自治区地方金融监督管理局为牵头单位，自治区财政厅、国资委、工信厅、农业农村厅、高级人民法院、中国人民银行南宁中心支行、广西银保监局等为成员单位的自治区推进政府性融资担保体系建设工作厅际联席会议机制，研究制定加快广西政府性融资担保体系建设的政策措施，统筹协调政府性融资担保体系建设的重要事项，各设区市也建立了政府性融资担保体系建设工作联席会议机制，共同推进政府性融资担保体系建设各项工作。

（二）取得的成效

机构融资担保实力不断增强。截至 2018 年 12 月，自治区、市、县三级财政对全区政府性融资担保体系机构到位资本金规模已达到 63.94 亿元，其中，广西再担保有限公司实际到位资本金 19 亿元，广西农业信贷融资担保有限公司实际到位资本金 15 亿元，14 个市级小微企业融资担保公司实际到位资本金共计 29.94 亿元。

银担合作取得新突破。截至 2018 年 12 月 31 日，广西银担风险分担业务在保贷款余额 75.95 亿元。广西再担保有限公司与区内 23 家银行业金融机构签署了"4321"业务合作协议，各市小微企业融资担保公司共获得银行授信累计超 210 亿元，与 22 家银行开展业务，实现了"4321"业务在全区 14 个设区市全覆盖，"4321"业务 2018 年度累计发生额 46 亿元，在保余额 40.32 亿元。广西农业信贷融资担保有限公司与 32 家银行业金融机构签订了业务合作协议，获得银行授信合计286 亿元，已有 12 家合作银行实现业务落地，累计担保贷款 16.33 亿元，在保余额 12.96 亿元，业务覆盖全区各市及各产粮大县、农业大县、农业特色产业县。

小微企业和"三农"融资成本不断降低。2018年以来，广西再担保有限公司、广西农业信贷融资担保有限公司、各市小微企业融资担保公司等政府性融资担保机构主动让利企业保费超过4500万元，平均每家企业节省保费支出约4万元。"4321"业务模式下，政府性融资担保综合担保费率降至1.32%，受惠企业平均综合融资成本降到7%左右。广西农业信贷融资担保有限公司300万元以下的贷款担保业务，担保费率由原来的1.5%进一步下调至1%，农业信贷担保业务受惠企业平均综合融资成本降到8%左右。

六　公共资产智能管理模式

为准确摸清政府公共资产"家底"、推动政府科学决策，进一步加强地方财政预警和国有资产监管水平，实现国有资产保值增值，南宁市与平安集团旗下的重庆金融资产交易所（以下简称重金所）深入合作，建立了一套清晰、准确、可以实时更新、动态监控和管理的政府资产负债管理系统即公共资产负债管理智能云平台，这是地方政府公共资产负债管理智能云平台（以下简称智能云平台）在国内城市中的首次尝试，是加强地方公共资产债务管理和深化国企改革的重大创新，也是探索构建"不能腐"机制的重大举措。智能云平台一期、二期已分别于2017年6月、2018年1月正式上线运行。

（一）主要做法

构建电子动态地图，全景展现政府"家底"。为解决公共资产数据不清、底数不明以及政府各部门与国有企业之间信息相互孤立、标准不统一等问题，智能云平台通过开发端口接入和数据共享等方式，采集分散在400多家行政事业单位和230多家国有企业的资产负债数据。在统一数据标准的基础上，利用云计算、大数据和"互联网＋"等前沿科技，绘制形成电子动态演示图（即财政地图和国资地图），直观、系统、全面、实时地反映南宁市公共资产负债、财政收支、国企财务和重大项目进展情况等数据，为实时掌握全市公共资产负债状态提供了直观展示图。

推进财政一体化建设，夯实数据基础。为解决原有财政业务系统数据统计复杂、口径不统一、单位用户登录多个系统等"痛点"问题，智能云平台通过推进财政一体化建设，在基础信息库和滚动项目库的基础上，打破了原先由多厂商、多系统建设产生的财政数据壁垒，建立了统一的数据标准和数据存储，助力确保财政数据实时准确，实现财政资金全生命周期常态化管理，提高了支付清算的工作效率和安全性，为全面实时掌握预算单位财政资金流向打下了坚实基础。

推动国资一体化建设，规范国资监管。智能云平台将国资监管的产权管理、投融资管理、财务快报等主要业务上线运行，初步形成了覆盖国资监管核心业务的国资一体化系统和一张层次分明、要素齐全的国资地图，及时、动态、准确地反映市属国有企业资产负债情况，为强化国资监管、预防腐败提供了有效技术保障。2018 年基本完成了国资一体化系统与九大集团公司财务软件自动对接工作，通过与企业财务数据库直连自动取数，提升了数据报送效率，减少了人工干预，确保数据上报的真实性、准确性和时效性。

创新风险预警机制，强化债务管控。财政地图能实时反映政府资产负债率、债务率等数据的变化，对南宁市的整体债务情况进行风险预警提示，让市委市政府能够及时掌握、动态监控相关情况，为财政管理决策提供重要依据，预防发生超越财政承受能力的负债，守住不发生系统性金融风险的底线。国资地图可以清晰地展示国有企业资产负债及变动情况，并通过合理设定企业年度资产负债率预警线、重点监管线，完善国有企业资产负债自我约束机制，使监管部门可以实时监控并及时对相关企业进行债务风险提醒和督促，进一步健全了监管企业债务管控机制。

打造融资服务和产权信息平台，防腐败促增值。南宁市依托智能云平台建立了融资服务平台和产权信息平台，推动国企融资上线公开竞价交易和产权交易信息公开展示，防止"暗箱操作"，防控投融资领域腐败。融资服务平台应用大数据建模、智能推介等先进技术，采用利率向下竞拍、线上综合比选等竞价方式，广泛引入全国金融机构参与竞拍。产权信息平台将市属国有企业产权交易项目同步推送到重金所平台，实现产权交易信息面向全国公开展示，提高市场化竞价程度，推动国有资产收益最大化。产权信息平台还设置了资产出租项目板块，初步实现企业国有资产出租信息同步在产权信息平台发布。

（二）取得的成效

形成了示范推广效应。继南宁智能云平台开花结果后，公共资产智能管理模式先后在国内多个省市落地，获得各地政府和财政、国资等部门的积极评价和高度认可。其中，长沙、深圳（部分）系统已上线运行，深圳智慧财政、哈尔滨经济运行云、南通宏观经济与资产负债管理平台等项目已经成功中标，正在加快开发建设步伐。广东、海南、哈尔滨、防城港等省市已经达成合作意向，正在加快方案设计和立项审批等前期工作。此外，黑龙江、云南、重庆、贵阳、合肥等33个省市项目正在积极推广中。

助力企业拓宽展示渠道降低融资成本。智能云平台对国有企业具备条件的银行贷款、融资租赁等融资项目，广泛引入全国金融机构参与竞拍。采用利率向下竞拍等竞价方式，实现融资渠道市场化、融资竞价透明化、融资手段多样化。截至2019年2月底，融资服务平台注册会员达到1198家，累计已竞价完成融资项目97宗，融资总额555.07亿元，为企业节约融资成本1.52亿元；产权信息平台累计推送产权交易项目128宗，挂牌总金额约12.38亿元，实现溢价率14.54%，通过溢价增加收益约 1.80 亿元；通过产权信息平台推送 256 宗资产租赁项目，涉及租金总额 6.70 亿元。

在制度反腐方面做出重要探索。智能云平台的建设运行，为政府解决监管不到位、信息不对称、政策不落实等问题提供了数据基础和管理工具，在财政资金使用、投融资、产权交易和扶贫等领域实现了动态监管，加快从源头上构建"不能腐"的长效机制。一方面，智能云平台实现了国资监管的产权管理、投融资管理等主要业务的上线操作，逐渐形成统一的监管机制，构建了防止信息不对称和防止"暗箱操作"两条防线，提升国资监管的信息化、规范化、智能化和市场化水平，压缩了权力寻租空间。另一方面，智能云平台开发了扶贫资金监管系统，纪检监察机关根据平台反馈的异常数据开展精准核查，实现了扶贫资金使用的全流程监管，有效助力了扶贫领域监督执纪问责。

七 中小企业融资增信模式

南宁市通过创新中小企业助保金贷款业务模式，充分发挥政府配套资金杠杆作用，运用政府财政资金建立风险补偿资金池，在企业提供不少于贷款额度 50% 抵（质）押物或融资性担保公司担保的基础上，以企业缴纳的一定比例的助保金和政府提供的风险补偿金共同作为增信手段，由合作银行向"南宁市重点中小企业池"中的企业发放贷款（企业最高可获得 500 万元信用贷款），有效解决了重点中小企业融资门槛高、抵押物不足的问题。

（一）主要做法

建立"重点中小企业池"。认定重点中小企业是开展中小企业助保金贷款的基础，重点中小企业是指符合南宁市产业发展导向、拥有自主知识产权和核心技术、具有较高品牌知名度、具备较好的发展潜力和较高市场占有率并建立了现代企业制度的中小企业。经认定的重点中小企业是南宁市各级政府及其工作部门配置政府资源和提供优质服务的重要对象。

开展项目审核。由南宁市中小企业服务中心根据助保金评审机制要求，组织对中小企业助保金融资项目进行评审，评审合格后向银行推荐，银行按照内部审核制度，对中小企业助保金融资项目进行审核，独立做出贷款决策。

缴纳助保金和放款。企业按照获得贷款总额 2.5% 的比例每年缴纳助保金（至 5% 即不用缴纳，结清贷款一年后按返还公式计算有可退金额的可申请退回），与政府风险补偿铺底资金共同建立"重点中小企业助保金池"，形成资金的规模效应和杠杆放大效应，共同对贷款起到引导和增信作用，加强金融机构支持中小企业积极性，推动金融机构投放贷款。

加强风险控制管理。强化项目合规合法性审核，集中力量做好风险预警提示和防范，加大贷款协调力度，通过组织多方金融机构和债权方、债务人进行自救、重组等多种办法帮助中小企业渡过难关，确保企业稳定运行。

（二）取得的成效

有效解决了中小企业担保难、融资难问题。中小企业助保金贷款解决了中小企业担保物不足的问题，贷款企业 50% 的抵押物由"重点中小企业助保金池"进行增信和风险补偿，放大企业的贷款规模至 100%，为解决中小企业融资难注入了新的活力。风险补偿机制带动了金融机构支持企业的积极性，提升了企业的长效融资能力、创新驱动能力、信用融资能力。截至 2018 年 12 月末，南宁市中小企业服务中心"助保金贷款"累计投放 942 笔，投放 63.17 亿元，贷款余额 12.09 亿元，切实解决了中小企业的担保难和融资难问题，降低了企业的融资成本、融资门槛。

提高了科技型中小企业知识产权融资能力。创新知识产权质押助保金贷款模式，将企业已应用于规模化生产且其产品有一定市场占有率的实用新型专利、发明专利、版权、著作权、商标等核心技术知识产权提交给资产评估机构作价评估，折后登记质押予合作银行，合作银行给予不超过 500 万元的信用贷款，充分发挥了科技创新型中小企业的无形资产在贷款融资方面的作用，有效解决了科技创新型中小企业抵押物不足"融资难、融资贵"的问题，推动了企业科技成果转化。2018 年南宁市中小企业服务中心累计投放知识产权质押贷款 17 笔，合计 22131 万元。

形成了诚信经营的良好风气。创新信用评级助保金贷款模式，获得具备中国人民银行信用评级资质的第三方专业信用评级机构评级 BBB + 级以上的企业，无须提供抵押物即可获得信用贷款支持。南宁市中小企业服务中心每年通过为本市 200 家中小企业开展信用评级工作，加强了信用体系的建设，推动了第三方信用评级结果使用，形成了诚信经营的良好风气。截至 2018 年 12 月末，累计发放"信保贷"400 万元。

八　银行服务收费同城模式

沿边金融综合改革试验区银行服务收费同城化指的是将南宁、北海、防城港、钦州、百色、崇左六市视为同一服务区域，取消同一银行内一切以异地为依据设立实施的差异化收费项目，包括存折、存单、银行卡、各类银行结算账户、ATM 机、网络银行、手机（电话）银行、电子银行等所有服务载体以及汇兑转账、存取款、托收代付等服务形式和方式，一律不再收取异地业务费用。

（一）主要做法

银行服务收费同城化作为沿边金融综合改革试验区金融服务同城化的重要内容，是一项复杂的系统工程，涉及面广，政策性强。面对当时全国性银行分支机构业务收费减免权限小、系统改造难度大等问题，广西以"三步走"实现了银行服务收费同城化。

中小银行率先破冰。根据当时股份制银行网点主要集中在南宁，城商行、农合机构作为法人机构业务权限和系统调整相对容易的特点，下发《广西北部湾经济区推进金融服务同城化总体工作方案》，从2014年1月1日起，由各股份制银行、城商行和农合机构率先在北部湾四个地市范围内实现服务收费同城化。

广西北部湾经济区全覆盖。经过一段时间的过渡和系统试运行，2014年4月1日启动第二阶段工作，中国工商银行、中国农业银行、中国银行、中国建设银行、交通银行和中国邮政储蓄银行广西分行开始实施广西北部湾经济区银行服务收费同城化，这标志着北部湾经济区全面实现了银行服务收费同城化，北部湾经济区金融服务同城化取得阶段性成果。

沿边金融综合改革试验区实现银行服务收费同城化。2015年3月，由原广西银监局、自治区金融办、中国人民银行南宁中心支行联合下发《关于实施广西沿边金融综合改革试验区银行服务收费同城化的通知》（桂银监发〔2015〕7号），提出在2015年7月1日前广西沿边金融综合改革试验区实现银行服务收费同城化目标。各银行业金融机构积极争取总行支持，对系统进行改造、测试，并全部按时完成权限调整、系统上线和收费公示工作，沿边金融综合改革试验区六市银行服务收费同城化顺利实现。

（二）取得的成效

为其他同城化事项树立标杆。广西北部湾经济区同城化发展重点包括通信、交通、旅游、金融服务、人力资源等九方面的同城化。广西银行业服务收费同城化启动早、见效快、实惠多，仅用一年时间就从北部湾经济区扩展到沿边金融综合改革试验区六市，并以此带动沿边地市银行业实现收费体系、信息体系、清算体系的同城化，对其他各领域同城化事项的推进起到了良好的标杆效应。

切实让试验区老百姓享受到了"金改红利"。广西银行业金融机构通过两年的努力完成了在沿边金融综合改革试验区六市银行服务收费同城化的任务，这是广西银行业金融机构履行社会责任的一大体现。在实现同城化后，六市居民在跨地市活动情况下无须重复办理相关凭证或发卡服务，各类注销业务无须回原居所办理，为老百姓节省了时间和财务成本。据不完全统计，银行服务收费同城化惠及 2000 万居民，第一年就为客户减免费用超过 2.5 亿元，让试验区六市广大消费者切实享受到了"金改红利"。

推动了金融服务效率提升。随着银行服务收费同城化的深入推进，到 2015 年底，试验区六市基本实现银行服务收费、银行资金汇划、保险售后服务、区域性股权交易市场搭建、小额贷款公司经营区域同城化等五个方面的金融服务同城化，建立起了覆盖六市的统一、方便、快捷、安全、高效的金融服务体系，打破了原有行政区域限制，拆除了资金流动障碍，整合集聚了试验区金融资源，推动试验区金融基础设施不断完善，金融支撑能力不断增强，金融交易成本不断降低，金融服务便利性明显提高，对吸引更多企业到北部湾经济区落户发展具有十分重要的意义。

九 边境贸易跨境保险模式

防城港市按照"统筹规划、创新突破、风险可控、先行先试"的原则，创新边境贸易跨境保险模式，不断提升跨境保险服务水平，为沿边经贸活动提供了有力保障和支持。

（一）主要做法

创新边境贸易跨境保险模式。创新"互联网＋保险"跨境保险模式，实现简化跨境保险业务审批流程与加强监管并举。推动"政府＋保险＋银行"合作模式，支持保险公司为企业"走出去"提供融资增信服务。创新跨境保险"互联网＋自驾游＋保险"模式，不断推出新的出入境保障方案，提升客户服务标准。建立跨境保险项目"共保体"合作模式，形成资源共享和发展的合力。

推进沿边跨境保险市场建设。完善保险产品，开展出境车辆保险，为出境车辆提供境外责任事故风险保障。推动服务网点下沉，优化服务流程，简化承保流程，出单效率压缩至 30 秒左右，并将承保流程嵌入通关办证流程，确保通关时效。此外，还将境外医疗救援、境外旅行综合救助加入保险服务范畴，扩大保险对边贸活动的覆盖面。

建设全国首个跨境保险服务中心。中心进行跨境车辆保险、人身意外保险、出口货物保险等主要产品的销售以及推广；实现所有跨境保险产品的承保、咨诉、理赔全流程"一站式"服务，为跨境人、财、物保险需求提供保障，助力出口信用、边境物流、境外旅游等。目前，防城港市已建成中国平安财产保险中国—东盟（东兴试验区）跨境保险服务中心、东兴跨境旅游意外险保险服务中心、人保财险东兴跨境保险理赔服务中心共 3 家跨境保险服务中心。

拓宽跨境保险业务范围。在跨境车辆保险、跨境货物运输保险的基础上，不断拓宽跨境保险业务范围，研发创新保险产品，推动与东盟国家和地区在出口信用保险、工程保险、旅游保险、责任保险、健康保险等领域开展交流与合作，为跨境人、财、物保险需求提供保障，助推跨境贸易发展。

（二）取得的成效

跨境保险业务迅速发展。近几年来，防城港市跨境保险业务搭上沿边金融综合改革的快车，迅速发展。截至 2018 年 12 月底，全市已有 6 家保险公司涉足跨境保险业务，比 2014 年增加了 2 家；全年累计保费收入约407万元，比2014年增加约209万元；理赔支出约62万元，比2014年增加约41万元，为该市边境贸易发展起到了保驾护航作用。

成为全国保险新产品推广试点地区。该市跨境保险业务的发展势头引起了中国保险业监管层的关注。2016年初，原中国保监会、中国保险行业协会等组织人员到该市开展跨境保险调研，为全国跨境保险产品研发提供市场依据，并将该市列为保险新产品推广试点地区。

跨境赔付实现了方便快捷。通过与越南建立跨境车辆的报案、定损、维修和事故处理等保险事项沟通合作机制，组建专业服务团队，配备专业越语人才，解决了出境车辆一旦发生事故，索赔程序烦琐、赔付标准有别、耗时费劲的问题，使跨境车辆保险理赔方便快捷，为广西机动车辆保险走出国门，助推边贸往来、自由贸易、自驾游等创造了有利的条件，为支持"一带一路"建设和边贸繁荣提供了更加全面的风险保障。

十　农业保险财政支持模式

政策性农业保险是农业发展的一个重要"稳定器"，对促进农业生产发展、增加农民收入有着重要意义。广西财政厅牵头组织开展农业保险工作以来，全区各级财政部门认真履行工作职责，构建制度体系，健全运行机制，农业保险工作取得了新突破。

（一）主要做法

建立推进工作机制。广西壮族自治区人民政府成立政策性农业保险工作领导小组，自治区人民政府常务副主席任组长，相关部门领导任成员，办公室设在自治区财政厅，负责牵头组织落实各项工作。各级政府也相应组建了机构，落实了工作责任，形成了上下联动、协同配合的工作推进机制。

构建政策制度体系。广西财政厅承担牵头职能，充分发挥财政政策与金融政策的协调功能，构建了四个层次的制度体系。一是自治区层面先后出台了一系列宏观政策，自治区人民政府出台了指导意见，全面实施三年目标规划，以推进中央险种为重点，带动地方特色农产品保险。通过健全基层服务体系，实现服务网络覆盖广大农村，提供有效金融服务，满足广大农民的保险需求。二是部门层面出台了相关配套制度，建立了财政补贴资金保障机制、保险市场规范运行机制和农民权益保障机制。三是各市县制定了管理办法和工作方案。四是保险机构建立完善了承保制度、保险合同、定损理赔标准和操作规程。

强化政策激励作用。广西从财政预算安排、保费补贴比例、资金管理上进一步完善措施，重点扶持发展好、绩效优的保险品种和工作积极性高、成效突出的地区和保险机构，尽可能激发各地、各部门、各单位加快发展的主观能动性，打破过去"给钱办事"的分配模式，全面推行"办事给钱"。强化各级、各部门资金使用的绩效观念和责任意识，切实把钱用好、把事办实，充分发挥财政资金的引导功能和激励作用。

提高保险服务水平。严格保险机构资格准入制度，引入竞争机制，下放保险机构承办审批权。鼓励"农险村办"，落实好"惠农政策公开、承保情况公开、理赔结果公开、服务标准公开、监管要求公开"和"承保到户、定损到户、理赔到户"的"五公开、三到户"服务要求。

发挥保险救灾功能。把推广农业保险作为防灾救灾的重要措施，把灾后恢复重建、恢复生产作为救灾工作的重要内容常抓不懈。财政及时拨付补贴资金，确保受灾地区结算理赔工作需要。抓住灾后宣传的有利时机，通过电视、报纸等新闻媒体，报道受灾情况和保险理赔情况，广泛深入推广、及时调整保险计划，满足受灾地区农民群众的投保需求。迅速应对重大自然灾害，保险公司采取灾前预防、灾时抢救、灾后理赔措施，组织大量人力和物力，开展防灾救灾，并限时完成理赔工作。

（二）取得的成效

保险规模不断扩大。2018 年，全区政策性农业保险参保农户648.15 万户（次），是 2012 年参保农户户次的近 16 倍，实现了 58% 的年均增长；为农民提供保险保障金额 1153 亿元，是 2012 年的 34 倍，切实降低了农业经营风险，帮助受灾农户尽快恢复农业生产。政策性保费规模达到 16.05 亿元，比 2012 年的 0.87 亿元增加 18.4 倍。保费规模增速排名连续多年保持全国前列，保费规模排名由 2012 年的全国第27 名上升到 2018 年的第 11 名。

保险种类全面拓展。截至目前，广西政策性农业保险险种覆盖 9 个中央补贴险种（水稻、水稻制种、甘蔗、马铃薯、能繁母猪、育肥猪、奶牛、公益林、商品林）、27 个地方特色险种（香蕉、芒果、柑橘、龙眼、荔枝、葡萄、火龙果、蔬菜种植、烟叶、桑蚕、对虾、牡蛎风力指数、糖料蔗价格指数、田七、养鸡、月柿、肉牛、能繁母牛、猕猴桃、油茶、林木种苗、茉莉花、茶树、西红柿、竹子、梅花鹿、龙虾），比2012 年的 6 个险种（甘蔗、水稻、能繁母猪、商品林、公益林、养鸡）大幅增加，保障范围更全面。

财政补贴力度持续增强。2018 年，广西政策性农业保险保费收入16.05 亿元，比 2012 年的 0.87 亿元增长 18.4 倍。其中，财政补贴12.7 亿元，比 2012 年的 0.68 亿元增加 12.02 亿元，增长 14.4 倍。

II 分报告

　　5 年来，沿边六市充分利用建设沿边金融综合改革试验区的政策机遇，以跨境金融、沿边金融和地方金融为改革创新主线，推动各项金融改革政策的落地，推进了广西金融开放与跨境合作。在跨境人民币业务、贸易投资便利化、跨境金融合作等 10 个方面取得了显著成效。广西跨境人民币结算总量在全国 8 个边境省（区）中保持首位，至 2018 年末达 9715 亿元。与此同时，广西沿边六市金融服务水平显著提升，各市金融业增加值均有不同程度的增加，沿边六市金融业增加值占全区的比重均超过 50%。沿边六市金融服务当地经济能力明显提升，为兴边富民、稳边固边做出了突出贡献。"沿边"变"金边"，实现了改革与兴边富边相互促进、开放与稳边固边共同深化。

表 II - 1　2014 ~ 2018 年广西沿边六市及广西区金融业增加值情况

单位：亿元

区域	2014 年	2015 年	2016 年	2017 年	2018 年
南宁市	307.64	369.05	406.12	450.57	500.29
北海市	30.40	31.40	35.80	41.10	47.18
防城港市	19.07	21.61	24.88	28.18	31.62
钦州市	32.61	35.71	38.84	42.37	49.04

区域	2014 年	2015 年	2016 年	2017 年	2018 年
百色市	33.03	37.67	40.71	45.30	48.62
崇左市	21.05	23.98	27.56	30.69	33.26
沿边六市合计	443.80	519.42	573.91	638.21	710.01
广西区	876.73	1002.32	1135.45	1273.40	1403.19

数据来源：各市金融办。

3
南宁市金融综合改革发展报告

一　五年发展历程

　　自 2013 年 11 月底国家批准在滇桂建设沿边金融综合改革试验区和 2014 年初自治区出台《广西壮族自治区人民政府关于建设沿边金融综合改革试验区的实施意见》以来，南宁市积极谋划，于 2014 年 4 月出台《南宁市建设沿边金融综合改革试验区实施方案》，明确了改革任务和重点工作。南宁市在自治区各相关部门的指导下，沿边金融、跨境金融、地方金融发展主线贯穿始终，大胆探索、勇于实践，深入推进沿边金融综合改革试验区建设，成效显著。

　　2014～2018 年南宁市经济金融基本情况见表 3 - 1。

表 3 - 1　2014～2018 年南宁市经济金融基本情况

序号	指　标	2014 年	2015 年	2016 年	2017 年	2018 年	年均增速（％）
1	GDP 总量（亿元）	3148.32	3430.50	3727.51	4118.83	4026.91	7.5
2	金融业增加值（亿元）	307.64	369.05	406.12	450.57	500.29	11.4
3	进出口总额（亿元）	295.65	364.46	416.23	607.09	—	—
4	财政收入（亿元）	526.59	572.49	613.87	687.98	753.20	9.36
5	人均 GDP（元）	45735	49360	53067	57948	55901	6.3
6	城镇居民人均可支配收入（元）	27075	29106	30728	33217	35276	6.84
7	农村居民人均可支配收入（元）	8576	9408	11398	12515	13654	12.33
8	跨境人民币结算总额（亿元）	246.01	239.36	202.54	170.28	204.45	-4.52

序号	指 标	2014 年	2015 年	2016 年	2017 年	2018 年	年均增速（%）
9	本外币存款余额（亿元）	7209.56	8408.73	9055.88	9492.18	10093.13	8.78
10	本外币贷款余额（亿元）	7487.09	8621.14	9853.31	10880.58	12052.13	12.64
11	股票融资额（亿元）	12.14	206.72	28.14	12.69	23.95	16.80
12	上市公司市值（亿元）	469.73	1399.67	1367.40	1047.11	881.08	17.03
13	保险业保费收入（亿元）	107.65	122.92	146.98	181.66	204.29	17.37

数据来源：（1）《南宁统计年鉴》（2014～2018）、南宁统计季报（2014～2018 年）；（2）"进出口总额"为"海关进出口总额"。（2018 年 GDP 总量（亿元）为快报数）

金融业增加值快速增长。2014～2018 年，南宁市金融业增加值年均增长 11.4%，增速远高于 GDP 年均增速，对服务业和 GDP 的贡献率逐年攀升（见图 3-1）。

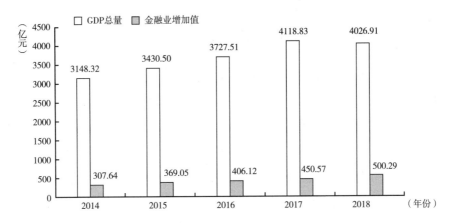

图 3-1 2014～2018 年南宁市金融业增加值和 GDP 总量情况

本外币存贷款余额稳步增长。沿边金融综合改革试验区成立 5 年以来，南宁市本外币存贷款余额稳步增长，呈持续上升趋势，2018 年末本外币存款余额、贷款余额分别为10093.13亿元和12052.13亿元，年均增长8.78%、12.64%（见图3－2）。

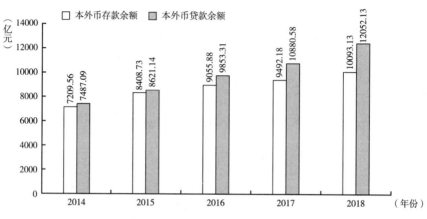

图3－2　2014～2018年南宁市本外币存贷款情况

二　沿边金融综合改革取得的成效

（一）金融开放创新取得新突破

南宁依托毗邻东盟和粤港澳的区位优势，在人员交流、机构互设、金融基础设施建设等方面深入推动多层次、宽领域金融合作，并抢抓沿边金融综合改革试验区建设政策契机，启动跨境人民币业务创新、跨境金融信息服务基地建设等工作，提高了金融国际化水平。2014～2018年末，南宁市跨境人民币结算量达1062.64亿元，结算量保持全区第三，仅次于防城港、崇左两个边境地市。跨境金融信息服务基地建设也初见成效，中国—东盟（南宁）金融服务平台已初步建成。

（二）金融组织体系日趋健全

南宁市银行、保险、证券机构明显增加，新兴金融机构加快聚集，形成了多元多层、功能完备的现代金融组织体系。截至 2018 年末，南宁市金融机构数量已达 116 家，其中，银行业金融机构 42 家、保险公司 42 家、证券分公司 28 家（含筹建）、法人金融租赁公司 1 家、法人财务公司 1 家、法人地方资产管理公司 2 家。推进五象新区总部基地金融街等金融集聚区建设，截至 2019 年 12 月末，已有 57 家金融机构入驻。

（三）多层次资本市场加快发展

截至 2018 年末，南宁市共有境内外上市企业 16 家（其中境内上市企业 14 家），比 2013 年末新增 5 家（新增境内上市企业 4 家），新三板挂牌企业 31 家，上市（挂牌）后备企业 154 家。南宁市境内上市和新三板挂牌企业占全区总数超过三分之一，股权投资机构占全区 77%。政府性引导基金落地运作进程加快，截至 2018 年末，南宁市创业投资引导基金累计到位资金 2.1 亿元；南宁市中小微企业孵化基金累计投放 2.657 亿元；广西北部湾经济区产业基础设施投资（南宁）引导基金累计投放 3 亿元；落地 6 只城市发展子基金，资金累计到位 105.67 亿元；落地 3 只产业发展子基金，资金累计到位 24.34 亿元，杠杆放大倍数近 6 倍。

（四）保险保障能力逐步增强

2014～2018 年，南宁市累计实现保费收入 762.89 亿元。农业保险保障水平不断提高，2018 年政策性农业保险新增了肉鸡、肉羊、竹鼠、茉莉花、百香果和蜜柚 6 个地方特色险种，全市全年政策性农业保险业务实现保费收入合计 1.77 亿元。小额贷款保证保险试点稳步开展，从 2015 年试点工作开展至 2017 年 10 月试点结束，南宁市小额贷款保证保险累计开展业务 17 笔，发放贷款 1302 万元。积极开展科技保险试点，从 2016 年开始试点至 2018 年 12 月末，南宁市各承保保险机构累计受理科技保险业务 24 笔，保费 689.33 万元，发放财政补贴资金约 188.26 万元。

（五）农村金融改革稳步推进

截至 2018 年 12 月末，南宁市在 1241 个行政村设立了"三农金融服务室"，覆盖面达 95.46%。全市创建信用户、信用村、信用乡镇覆盖面分别为 56.15%、51.46%、53.92%。金融机构在乡村设立助农取款（支付）点覆盖率已达 100%。武鸣区累计发放农村承包土地经营权抵押贷款 9777 万元，成效明显。

（六）金融发展环境显著改善

积极推动政策创新，南宁市逐步奠定了"人无我有、人有我优"的政策扶持基调。2014 年以来，南宁市陆续制定出台了《南宁市人民政府关于加快发展金融业的实施意见》《南宁市沿边金融综合改革试验区建设加快金融业发展扶持政策》《南宁市鼓励和扶持企业上市（挂牌）若干规定》等系列扶持政策，设立了金融业发展专项资金，每年安排 5000 万元金融产业发展专项资金，加快推进该市沿边金融综合改革试验区建设。为进一步提高财政扶持政策的精准性和精简性，2017 年南宁市再次修订出台了《南宁市沿边金融综合改革试验区建设加快金融业发展扶持政策》和《南宁市鼓励和扶持企业上市（挂牌）若干规定》，金融发展政策红利不断释放，自 2014 年起至 2018 年，南宁市已累计拨付金融产业发展专项资金共计 2.2 亿元。金融监管信息化建设步伐加快，在全国首创公共资产负债管理智能云平台，建立透明化的融资服务平台，对政府公共资产负债的管控和监测进一步加强；在区内率先建设南宁市地方金融监管信息平台，金融风险防范效率进一步提升。

4

北海市金融综合改革发展报告

一 五年发展历程

广西沿边金融综合改革试验区设立以来，北海市紧紧围绕沿边金融综合改革重点工作，以新发展理念引领经济发展新常态，持续优化发展环境，不断推动北海经济金融高质量发展，奋力谱写北海发展新篇章。

2014～2018年北海市经济金融基本情况见表4-1。

表4-1 2014～2018年北海市经济金融基本情况

序号	指　标	2014年	2015年	2016年	2017年	2018年	年均增速（%）
1	GDP总量(亿元)	856.0	892.1	1007.3	1229.8	1213.30	9.6
2	金融业增加值(亿元)	30.4	31.3	35.8	41.1	47.18	10.0
3	进出口总额(亿元)	185.81	202.99	225.34	250.13	320.75	11.54
4	财政收入(亿元)	127.4	143.0	166.3	200.7	225.19	12.07
5	人均GDP(元)	53603	55409	61619	74378	72581	7.87
6	城镇居民人均可支配收入(元)	25818	27729	29412	31912	33954	5.63
7	农村居民人均可支配收入(元)	9079	9923	11622	12749	13998	9.04
8	银行业金融机构总数（家）	13	13	14	14	14	1.87
9	跨境人民币结算总额（亿元）	55.41	69.05	39.66	25.88	32.33	-12.6
10	跨境贷款总额（亿美元）	4.98	4.39	0.0048	1.0	3.39	-9.17
11	社会融资规模增量（亿元）	—	—	118.61	136.48	203.99	—

续表

序号	指　标	2014年	2015年	2016年	2017年	2018年	年均增速（%）
12	本外币存款余额（亿元）	695.45	721.89	825.11	947.09	1113.27	12.48
13	本外币贷款余额（亿元）	435.55	473.09	548.00	672.43	778.03	15.61
14	股票融资额（亿元）	6.83	50.43	64.01	0	78	83.83
15	上市公司市值（亿元）	401.67	835.59	779.05	722.98	557.47	8.54
16	保险业保费收入（亿元）	12.49	17.56	20.06	23.38	27.35	21.65
17	保险深度（%）	1.46	1.97	1.99	1.90	2.25	11.42
18	保险密度（元）	782.1	1080.2	1220.4	1405.6	1628.0	21.76

数据来源：北海市金融办。

金融业增加值平稳增长。2014~2018年，北海市金融业增加值整体上呈平稳增长趋势，历年金融业增加值占GDP的比重为3.5%左右。在服务实体经济过程中，基本实现了金融与实体经济均衡发展（见图4-1）。

图4-1　2014~2018年北海市金融业增加值和GDP总量情况

本外币存贷款余额持续提升。沿边金融综合改革试验区成立5年以来，北海市引导银行业回归本源、专注主业，大力支持金融服务实体经济发展。2014～2018年北海市本外币存贷款余额呈持续上升趋势，2018年末本外币存款余额、贷款余额分别为1113.27亿元和778.03亿元，年均增长分别为12.48%和15.61%（见图4－2）。

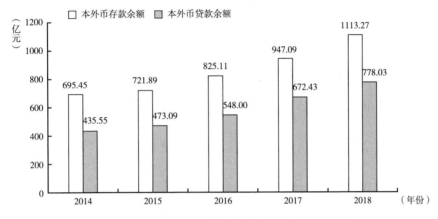

图4－2　2014～2018年北海市本外币存贷款情况

保险行业发展势头良好。如图4－3所示，2014～2018年北海市保费收入呈上升趋势，年均增速达到21.65%；2015年保费收入较2014

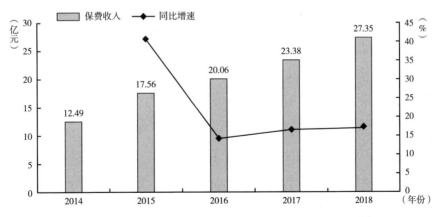

图4－3　2014～2018年北海市保费收入金额及增长情况

年有大幅增长，增长率为40.59%。总体来看，北海市保险行业发展势头良好。2018年北海市保险密度1628.0元，2014~2018年年均增长21.76%，居民参保意识明显增强；2017年北海市保险深度为1.90%，较2014年增长30.14%，保险业发展速度有明显提高。

二 沿边金融综合改革取得的成效

（一）推动跨境人民币业务创新

大力推进人民币跨境使用。2014年，北海市着力打造跨境人民币结算账户审批绿色通道，简化账户开立手续，办理跨境人民币结算账户业务仅用时30分钟，相比日常账户审批需要1.5个工作日的时长缩短了95%，业务结算便利性大幅提高。此后辖区跨境人民币业务发展取得积极成效，业务量保持稳步增长。沿边金融综合改革以来至2018年末，北海辖区跨境人民币结算总额为238.36亿元，其中经常项下结算量为163.44亿元，直接投资项下结算量为56.21亿元；与北海市有跨境人民币收付往来的国家达43个，跨境人民币结算主体达158个。

推进经常项目跨境外汇轧差净额结算试点业务。一是继2015年全国首笔货物贸易跨境外汇轧差净额结算试点业务落地北海后，北海充分利用加工贸易企业多的特点，积极推进试点业务。截至2018年12月末，北海市参与试点的企业扩大到5家，为广西试点企业数量最多的城市；2018年办理经常项目跨境外汇轧差净额结算交易业务60笔，轧差收付汇金额1285万美元，为企业节约了10.2亿美元外汇资金占用量，降低了企业经营成本，促进了贸易便利化。二是推动全口径跨境融资宏观审慎管理工作。截至2018年末，北海辖区共登记6笔全口径跨境融资业务，签约额10255万美元，有力支持了地方实体经济的发展。

（二）完善金融组织体系

加大对金融机构的扶持力度。北海市通过评选优秀银行家及对各金融机构进行年度考核奖励，进一步激励了银行业金融机构加大信贷投放力度。2014 年以来，获得北海市奖励的金融机构及金融监管部门共计 97 个次，发放奖励金合计 1108.11 万元。

积极落实"引金入北"战略。2014 年以来，渔业特色支行、港口支行、社区支行、助农支付服务站、财富管理中心等各类服务机构陆续设立。截至 2018 年 12 月末，辖区银行业机构网点已增至 241 个，比 2013 年末增加 23 个。出台配套激励政策，对新设金融机构一次性给予 20 万元开办补助。试验区成立以来，五矿证券、国盛证券、桂林银行、合众人寿、鼎和财产保险等 13 家金融机构先后入驻北海，发放开办补助合计 200 多万元。北海市初步形成了具有政策性银行、国有商业银行、农村信用社、村镇银行、小额贷款公司、融资担保公司、保险机构的多元化、多层次、广覆盖、竞争性的金融服务组织体系。

推进设立政府性融资担保公司。按照自治区政府性融资担保体系建设会议精神，2016 年末北海市推动设立由政府主导的担保公司——北海市小微企业融资担保有限公司。截至 2018 年末，该公司注册资本金 1.88 亿元，获得银行机构授信总额 25.56 亿元；接洽一县三区和各园区小微企业累计 126 家，融资需求 9.19 亿元；实地走访调研企业 96 家，受理融资额度 5.22 亿元；完成"4321"贷款项目 55 户 95 笔，在保余额 3.05 亿元。

保险市场持续健康发展。截至 2018 年 12 月末，北海市共有保险机构 33 家，其中财险公司 16 家，寿险公司 10 家，保险代理机构 7 家。2018 年 12 月末北海市 33 家保险机构共实现保费收入 27.35 亿元，同比增长 16.98%，其中寿险保费收入 19.34 亿元，财险保费收入 8.01 亿元；赔付支出共 6.35 亿元，同比增长 16.96%，其中寿险赔付支出 3.58 亿元，财险赔付支出 2.78 亿元。

（三）普惠金融取得新成效

大力推动"三农金融服务室"创建。自试验区开始建设以来，北海市已创建"三农金融服务室"280个。共投入130多万元为大部分"三农金融服务室"配置8000元左右的办公设备，充分发挥"三农金融服务室"的信用采集、贷前调查、贷后催收、保险服务、金融知识普及等综合服务功能，有效降低了涉农金融机构的建设成本，提高了农村金融服务的覆盖率、可得性、满意度。

不断拓展"三农金融服务室"功能。指导银行和保险公司充分发挥"三农金融服务室"作用，把保险功能融入其中，目前辖区内有5个"三农金融服务室"增加了保险服务功能。

不断健全农村金融服务网络。不断拓宽农村金融普惠网络，推进农村基础金融服务"村村通"继续延伸。截至2018年9月末，各银行在县域及乡镇网点总计达128个，实现乡镇网点全覆盖，农村基础金融服务已覆盖95%的行政村。

（四）积极引导企业多元融资

截至2018年末，北海市境内上市企业6家，新三板挂牌企业3家，进入创新层公司2家；广西北部湾股交所挂牌企业总数350家，挂牌总数居全区第2位。2018年1月，北海市诚钢矿业股份有限公司在全国中小企业股份转让系统正式挂牌；2018年3月，恒逸石化股份有限公司成功发行"一带一路"公司债券5亿元，2018年合计发行30亿元公司债券，成为国内首单由境内上市公司公开发行的"一带一路"公司债券。

（五）妥善处置非法集资和金融突发事件，切实维护北海金融业生态安全

建立联合巡查机制。北海市打击和处置非法集资工作领导小组办公

室（以下简称市处非办）及公安局、工商局、中国人民银行北海市中心支行、北海银监分局等部门联合在街头开展不定期巡查，对发现的问题及时处理，做到早发现早处置。

妥善处置涉嫌非法集资案件。妥善处置兴业银行原员工涉嫌集资诈骗事件，配合自治区开展"e租宝"等非法集资案件的处理，切实维护北海市经济金融秩序和社会稳定，保护人民群众合法权益。

提高公众防范意识。每年5月在全市范围内开展防范非法集资宣传月活动。市处非办及处非领导小组成员单位在各自主管领域开展宣传教育活动，向广大市民展示非法集资的危害，介绍防范非法集资、金融诈骗的方法和措施。

出台相关政策文件。北海市出台了《北海市通过互联网开展资产管理及跨界从事金融业务风险专项整治工作实施方案》（北处非发〔2017〕1号）、《北海市处置互联网金融风险应急预案》（北处非发〔2017〕3号）等相关文件。

（六）社会信用体系建设取得新进展

农户和小微企业征信数据在系统性、实效性方面取得历史性突破。2016年成功搭建农村信用信息系统平台，2017年7月相继挂牌成立北海市农户信用信息管理中心、北海市城区农户信用信息管理中心、北海市银海区社会信息管理中心，全面推开银海区和合浦县所有乡镇的农户信用信息数据采集。截至2018年末，该市农村信用信息系统农户数据入库合计262480户，入库率达100%；建成了16616户信用户、136个信用村、12个信用镇，农村信用四级联创信用户、信用村、信用镇比例分别为62.22%、59.39%、52.17%；审核认定了135家北海市诚信中小企业并推荐给各金融机构，企业累计获得银行融资357.16亿元。

广西沿边金融综合改革试验区社会信用体系同城一体化建设取得新

进展。2015 年 5 月成功搭建社会信用信息系统平台，截至 2018 年末，北海市社会信用信息系统共收录该市 27 个政府部门的信用信息，累计录入企业基础信息 6.3 万条，企业信用信息 6937 条；个人基础信息 171.5 万条，个人信用信息 2.55 万条。

5
防城港市金融综合改革发展报告

一　五年发展历程

表 5 - 1　2014～2018 年防城港市经济金融基本情况

序号	指　标	2014 年	2015 年	2016 年	2017 年	2018 年	年均增速（%）
1	GDP 总量（亿元）	588.94	620.72	676.12	741.62	796.50	7.82
2	金融业增加值（亿元）	19.07	21.61	24.88	28.18	31.62	13.42
3	进出口总额（亿元）	334.64	557.34	578.91	768.54	721.49	27.27
4	财政收入（亿元）	63.55	70.64	75.61	74.51	82.76	7.30
5	人均 GDP（元）	65184	67972	73197	79351	84112	6.60
6	城镇居民人均可支配收入（元）	26523	28433	29758	32079	34325	6.65
7	农村居民人均可支配收入（元）	9524	10429	12113	13373	14617	11.32
8	银行业金融机构总数（家）	57	69	71	69	70	5.60
9	跨境人民币结算总额（亿元）	291.16	339.07	353.11	472.25	377.95	18.56
10	跨境贷款总额（折合人民币，亿元）	3.91	19.62	0.04	10.38	0.03	-83.48
11	本外币存款余额（亿元）	482.06	523.35	567.87	624.97	705.68	10.02
12	本外币贷款余额（亿元）	407.61	440.28	517.65	632.93	642.50	11.60
13	保险业保费收入（亿元）	6.25	7.59	9.24	10.90	11.28	16.16

资料来源：防城港市金融办。

由表 5 - 1 所示，本外币存款余额持续提升。沿边金融综合改革试验区成立 5 年以来，2014～2018 年防城港市本外币存贷款余额稳步增长，呈持续上升趋势，2018 年末本外币存贷款余额分别为 705.68 亿元、642.50 亿元，年均增长分别为 10.02% 和 11.60%（见图 5-1）。

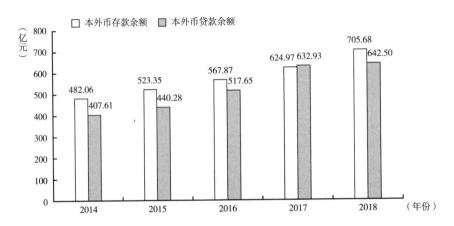

图 5-1　2014～2018 年防城港市本外币存贷款余额基本情况

金融业增加值平稳增长。2018 年，防城港市金融业增加值为 31.62 亿元。2014～2018 年，防城港市金融业增加值年均增长率为 13.42%，增速远高于 GDP 年均增速，对服务业和 GDP 的贡献率逐年攀升（见图 5-2）。

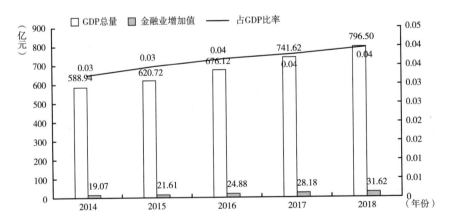

图 5-2　2014～2018 年防城港市 GDP 总量、金融业增加值及其占 GDP 比率情况

二　沿边金融综合改革取得的成效

自 2013 年获批启动沿边金融综合改革试验区建设以来，防城港市委、市政府高度重视沿边金融综合改革工作，围绕跨境金融、沿边金融、地方金融三条主线，大胆探索，先行先试，取得了多个国内第一和全区第一，2016 年东兴市创新边民互市结算模式取得的成效经验获得国务院办公厅通报表扬，为沿边开发开放注入新的活力。

（一）跨境金融改革创新率先突破

开展跨境人民币业务试点，创新边民互市结算模式。一是防城港市成为全国第二个开展个人跨境人民币结算的地区①，并积极推行"金融机构（银行/第三方支付机构）＋边民交易服务机构"的东兴中越边民互市贸易交易结算模式。防城港边民互市贸易中心等交易服务机构配合辖区内边贸结算银行开展跨境结算、货币兑换等服务，极大便利了中越商户进行跨境贸易，进一步提高了跨境贸易结算效率，受到两国边民的欢迎。据统计，2018 年共有 177.46 亿元互市贸易额在结算中心完成交易结算，同比增长 55.9%，占东兴市 2018 年互市贸易进出口总额的 99.3%。从试点开始到 2018 年 12 月末，全市个人跨境贸易人民币结算总量达 998.8 亿元，占全区跨境人民币结算量的 63.3%，年均增速达到 17.9%。二是创新研发互市贸易跨境资金监测服务平台，大幅提升结算效率和监管水平。2017 年 12 月，防城港市上线运行了由中国人民银行自主研发建设的互市贸易跨境资金监测服务平台，实现了商铺信息、边民信息、交易订单信息、银行结算信息的全面采集，现已完

---

① 境内外个人凭身份证即可开立人民币银行结算账户、办理个人跨境贸易人民币结算业务；单笔跨境结算金额在 80 万元以上的边境贸易仅要求个人提供从事边贸的承诺书，80 万元以下跨境人民币结算凭个人身份证几分钟即可办妥。

成东兴市 9 家边贸结算银行的全覆盖接入。截至目前，该平台已采集商品信息 9 大类共 321 条、商铺信息 371 条、边民信息 2.25 万条、交易信息 300 万余条，为银行对客户的贸易背景真实性审核搭建了高效的数字化审核辅助平台，为互市贸易人民币跨境结算持续健康发展提供了有力支撑。

建设东盟货币服务平台，形成汇率定价"东兴模式"。一是 2014 年 4 月 1 日，由防城港市金融学会牵头，防城港市中国工商银行、中国农业银行、中国银行、中国建设银行、北部湾银行 5 家商业银行（分行、支行）共同参与，建设成立中国（广西东兴试验区）东盟货币服务平台。服务平台采取一周一次由成员银行"抱团定价"，中国工商银行、中国农业银行、中国银行、中国建设银行（分行、支行）"轮值定价"的模式，每日在平台发布人民币兑越南盾柜台挂牌汇价、中方银行人民币买入越南盾指导价、越南代理银行人民币购售美元汇价三个价格，实现人民币对越南盾的直接报价兑换，提升了中方结算银行的汇率议价能力和定价话语权，打破了"地摊银行"操纵市场、谋取高额利润的局面，使银行、企业都从中获益。自平台开办以来至 2018 年 12 月末，共实现越南盾交易 66248 笔，金额 1156.12 亿元。二是建成中国（广西东兴试验区）东盟货币业务中心。中心每天通过采集人民币、越南盾上日交易信息数据，以人民币兑美元、美元兑越南盾的汇率计算出人民币兑越南盾基准汇率，并以"一日多价"形式确定人民币和越南盾交易汇率报价，之后相继完成了对印度尼西亚卢比、马来西亚林吉特、菲律宾比索、新加坡元、泰铢、老挝基普、缅甸缅币、柬埔寨瑞尔等九个币种汇率的挂牌交易，有效地促进了人民币跨境双向流通和与东盟货币交易兑换。中心还搭建了人民币与东盟货币资金交易平台，发布资金交易需求信息，撮合交易；中心也是交易实体，开办边贸结算业务的机构和中心进行货币资金平盘交易。同时，中心还成功发布"人民币对东盟货币汇率指数"和"越南盾指数"。

打造跨境保险服务体系，为跨境旅游贸易保驾护航。防城港市跨境保险保障力度不断提升，保险覆盖面不断扩大，为跨境旅游、贸易发展提供了有力的风险保障。2014年10月，该市建成全国首家跨境保险服务中心——中国平安财产保险中国东盟（防城港市）跨境保险服务中心；该市还由防城港保险行业协会牵头，组织太保产险、人保财险、平安产险、中国人寿四家保险公司形成共保体，针对跨境旅游成立了东兴跨境旅游意外险保险服务中心。目前，全市共成立3家跨境保险服务中心，陆续推出了跨境机动车辆保险、货物运输保险、跨境旅游意外保险、自驾游综合保险、境外劳务人员人身意外险等多种保险产品，累计提供跨境各类风险保障产品超过60亿元。

实现东盟货币现钞跨境调运，助力人民币国际化。2017年10月，防城港市成功实现中越银行间点对点越南盾现钞跨境调运，由中国农业银行与越南农业与农村发展银行合作，首笔调运50亿越南盾回中国。该项业务的开展较大程度上满足了日益增长的跨境旅游和外籍务工人员薪酬和赡家款的兑换需求，有效解决了越南盾现钞来源不足的问题。2018年10月，防城港市又成功启动人民币越南盾现钞双币跨境调运，正式建立了双币种货币流出和回流机制。截至2018年12月末，辖区内两家金融机构（中国农业银行、桂林银行）与越南商业银行合作共完成了6次跨境现钞通关调运，金额合计299.16亿越南盾（折合846.70万元人民币）、人民币现钞188万元。

加强体制机制建设，跨境金融合作不断增强。一是成功签订中国边境地区第一个跨境反假货币合作协议《反假货币合作备忘录》，同时签订《广西东兴—广宁芒街跨境贸易银行结算双边本币汇价信息交互备忘录》，标志着中越两国金融机构同业合作迈出了实质性步伐。二是成功在东兴举行首次中越国家银行间非正式会谈，随团出访越南国家银行广宁省分行。三是成功举办首次中越双边银行机构反洗钱工作交流会、首次中越银行反假货币合作联席会议暨中越货币防伪技术与反假培训会，标志着中越银行反洗钱、反假合作取得实质性进展。四是在广西边境地市建成第一个跨境反假货币工作地市分中心和县市级工作站，为人民币域外流动特别是东盟国家的跨境人民币现钞管理提供了全方位的服务。跨境金融合作交流机制的逐步建立和完善，推动了防城港市与越南等国跨境金融合作业务的快速发展。截至2018年12月，防城港市开展边贸结算业务的银行机构已增至8家，与28个国家和地区开展跨境人民币结算业务；2018年，全市金融机构累计发放贸易融资贷款10.07亿元。

（二）推动沿边金融不断取得创新实效

积极与境外机构开展投融资合作。一是引进跨境人民币贷款。2014年上半年，在中国人民银行防城港市中心支行指导下，防城港核电公司通过中国建设银行广西分行成功从海外引进广西第一笔"跨境资金池资金"，共计人民币10亿元，资金综合成本大大低于国内一般融资成本。截至目前，防城港市先后五次从中国香港、东盟和南亚国家的银行业金融机构引入人民币资金共计30.6亿元人民币。二是引导企业开展跨境融资。防城港市紧紧把握中国人民银行总行实施全口径跨境融资宏观审慎管理的利好政策，通过中国人民银行为广西盛隆冶金有限公司引入境外贷款资金2840万美元，并实现当月提款。截至2018年12月末，防城港市共办理9笔全口径跨境融资业务，签约金额累计18252.54万美元，提款金额累计15462万美元，有效丰富了企业融资渠道。

实现外汇管理改革新突破。一是开展经常项目跨境外汇资金轧差净额结算试点。2015年，防城港市成功办理全国首笔服务贸易跨境外汇资金轧差净额结算业务。该业务的开办大幅降低了企业的汇兑和资金运营成本，提高了资金使用效益和结算办理效率，有效促进了跨境贸易便利化。截至2018年12月末，全市累计发生12笔跨境外汇应收付款，合计金额254.13万美元，轧差结算后实际结算笔数为6笔，金额为100.96万美元，为企业减少了60.3%的资金汇兑量。二是成功实施边贸外汇收支差异化管理政策。截至 2018 年 12 月末，全市共对 177 家符合条件的边贸企业实施外汇收支差异化标识管理，占全辖名录企业总数的 17.15%。2018 年末，全市标识企业边境小额贸易项下进出口额为 9.3 亿美元，占同期全市边境小额贸易进出口总额的 95.68%。

创新"互市＋金融服务"发展模式。一是针对边民互助组量身定制金融服务。东兴市通过财政贴息，支持东兴农商行、东兴国民村镇银行等金融机构给予每个边民互助组成员 2 万元授信资金，每个边民互助组 100 万元的信用贷款；对具备能力的贫困户，再由指定银行提供 5 万元以下和 3 年内免抵押、免担保的小额信用贷款，资助边民互助组成员参与互市贸易活动，解决了广大边民参与互市贸易的资金难题。二是探索成立首家边民信用互助社。防城港市成立首家边民信用互助社——东兴市东兴镇百源边民信用互助社。信用互助社主要面向边民组员提供资金互助业务，能够有效调节资金供应，缓解边民贷款难题，同时有利于引导民间资本支持该市边贸转型升级。

（三）地方金融改革发展力度不断加大

成功设立首支广西地级市产业基金。2014 年 12 月，防城港市成功设立广西北部湾（防城港）产业投资基金，这是广西第一支地市级产业基金。基金总规模 10 亿元，首期 3.1 亿元，共投资项目 4 个，投资总额 1.54 亿元。防城港市还设立了防城港市产业基础设施投资引导基金，首期规模 1 亿元，其中自治区北部湾办注资 5000 万元，市本级财政配套 5000 万元。该引导基金设有子基金 1 只，为防城港市边海产业发展基金，由引导基金和广西新思考智慧教育基金共同发起，基金总规模 5 亿元，首期认缴 1 亿元，政府引导基金出资 2000 万元，主要以股权投资形式，投向防城港市基础设施、产业项目和社会民生项目。防城港市通过扶持基金产业发展有效满足了基础设施建设、园区开发、新材料、文化旅游等项目的融资需求。

建设完善社会信用体系。防城港市建立了社会信用体系建设联席会议制度，由市发改委、中国人民银行防城港市中心支行双牵头，先后出台《加快推进防城港市社会信用体系建设工作方案》《防城港市社会信用体系建设工作方案》，2015年建成市级公共信用信息系统平台及"防城港信用网站"（www.fcgcredit.cn）并投入使用。截至目前，防城港市共有40家单位（37家行政机关、2家司法机关、1家公用事业单位）向平台提供数据。防城港市还大力推进重点领域信用建设。一是建设农村信用体系。在全区率先建成农户信用信息采集与评价系统并投入运行，已采集录入农户数10.38万户，占全市总农户数的77.52%；创建信用户约8.59万户，创建面64.13%；创建信用村116个，创建面43.77%；创建信用乡镇10个，创建面43.48%。二是推动建筑行业诚信体系建设。印发了《防城港市建筑施工企业信用行为评价管理办法》和《防城港市建筑服务企业信用行为评价管理办法》，加强建筑业信用评价管理，进一步规范建筑市场秩序，建立诚信激励、失信惩戒的建筑市场机制。

创新"三位一体"组合担保抵押信贷"东兴模式"。防城港市东兴市有90%以上的水产养殖户来自浙江省丽水市，在当地没有固定资产作为抵押物。东兴市灵活运用承包土地经营权抵押贷款试点政策，在全区首创"承包土地经营权抵押担保＋公司股东担保＋养殖户联保"的"三位一体"组合担保抵押信贷模式，有效解决了养殖户贷款缺乏抵押物的问题。截至2018年12月末，东兴市"两权"抵押贷款余额达13253万元，比试点前增加9803万元，位居广西试点县（市）前列；"三位一体"组合担保抵押信贷业务已为种养殖龙头企业（江源水产、山峰石斛）发放贷款1745万元，为种养殖户发放担保贷款3540万元。

探索推动民间借贷阳光化。2015年6月，防城港市出台了《防城港市民间资本投融资服务机构管理办法（试行）》，鼓励社会资本开展民间借贷登记服务，推动民间借贷阳光化、规范化。同年底成立了全区首家民间资本投融资服务公司，主要面向小微企业短期、小额的借款需求提供平台化的民间融资撮合服务。目前，全市共1家民间资本投融资服务公司撮合融资项目150笔，累计融资金额超过3500万元，在构建民间投融资渠道上起到了示范作用。

6
钦州市金融综合改革发展报告

一　五年发展历程

广西沿边金融综合改革试验区设立以来，钦州市认真贯彻落实《云南省　广西壮族自治区建设沿边金融综合改革试验区总体方案》（银发〔2013〕276号），经济金融保持快速发展势头。

2014～2018年钦州市经济金融基本情况见表6-1。

表6-1　2014～2018年钦州市经济金融基本情况

序号	指　标	2014年	2015年	2016年	2017年	2018年	年均增速（%）
1	GDP总量（亿元）	854.96	944.42	1102.05	1309.82	1291.96	8.4
2	金融业增加值（亿元）	32.61	35.71	38.84	42.37	49.04	7.8
3	进出口总额（亿元）	327.67	359.32	292.1	340.47	227.31	-8.74
4	财政收入（亿元）	138.31	162.23	154.08	145.08	148.01	1.71
5	人均GDP（元）	26971	29560	34160	40160	39243	7.4
6	城镇居民人均可支配收入（元）	25425	27281	29360	31415	33488	10.9
7	农村居民人均可支配收入（元）	8892	9710	10947	11801	12816	11.2
8	银行业金融机构总数（家）	—	—	59	64	66	—
9	跨境人民币结算总额（亿元）	18.91	38.24	14.44	28.16	22.38	4.30
10	社会融资规模增量（亿元）	53.20	52.70	44.72	92.62	—	—
11	本外币存款余额（亿元）	773.86	823.05	912.54	979.97	1072.7	8.51
12	本外币贷款余额（亿元）	531.51	555.57	600.57	664.82	741.3	8.67

数据来源：钦州市金融办。

金融业增加值呈平稳增长趋势。2014～2018 年，钦州市金融业增加值呈平稳增长趋势，年均增速 7.8%，略低于 8.4% 的 GDP 年均增速，各年金融业增加值占 GDP 比重大体在 3.8% 左右。在服务实体经济过程中，基本实现了金融与实体经济均衡发展（见图 6－1）。

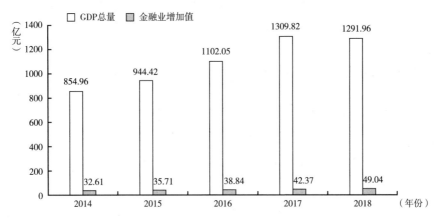

图 6－1　2014～2018 年钦州市金融业增加值和 GDP 总量情况

本外币存贷款余额情况。2014～2018 年，钦州市本外币存贷款余额呈持续上升趋势，2018 年末本外币存款余额、贷款余额分别为 1072.7 亿元、741.3 亿元，分别年均增长 8.51%、8.67%（见图 6－2）。

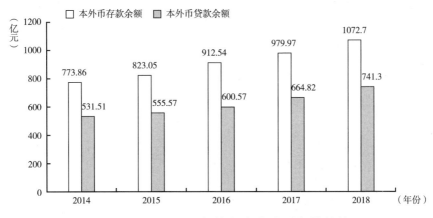

图 6－2　2014～2018 年钦州市本外币存贷款情况

二 沿边金融综合改革取得的成效

通过创新跨境人民币业务和外汇监管模式，促进贸易投资便利化，推进金融体制改革和服务实体经济方式转变等多项举措，钦州市积极推动各项改革，成效明显。

（一）跨境融资业务取得突破

企业跨境人民币贷款业务取得新突破。2014年11月末，钦州市获中国人民银行批准开展跨境人民币贷款业务，同年11月30日，钦州市港口（集团）有限责任公司成功从中国银行泰国曼谷分行借入一笔3000万元的跨境人民币贷款，成为全区办理的第一批签约到账的跨境人民币贷款业务。自2014年11月跨境人民币贷款业务开展以来，钦州辖区累计已办理跨境人民币贷款备案登记10笔，金额11.16亿元。截至2018年末，钦州全口径跨境融资外债余额936万美元，同比增长5.6%，占外债余额的39.6%。

个人项下经常项目跨境人民币业务率先开展。2014年4月，广西沿边金融综合改革试验区银行业金融机构可为个人开展的货物贸易、服务贸易、收益及经常转移等经常项目跨境人民币业务提供结算服务，成为全国率先开展个人项下经常项目跨境人民币结算业务的省份之一。钦州市积极宣传，加强对银行业务的辅导，推动钦州市个人项下经常项目跨境人民币业务发展，截至2018年末，钦州市办理个人项下经常项目跨境人民币结算业务1563万元。

（二）金融组织体系不断完善

出台了《钦州市人民政府办公室关于印发钦州市促进银行业融资担保业小额贷款公司发展奖励办法的通知》（钦政办〔2013〕32号），

积极引进各类金融机构，组建村镇银行、小额贷款公司和融资性担保公司。目前，钦州市辖区内共有银行机构 18 家，保险机构 24 家，证券公司营业部 6 家，小贷公司 15 家，融资性担保机构 3 家，成为广西入驻银行机构较多的地市之一，全辖无金融服务空白乡镇，实现服务网点全覆盖。钦州市高度重视农村信用社改革发展工作，指导浦北县农村信用合作联社筹建农村商业银行，推动其明确产权关系、强化约束机制、增强支持地方经济发展的能力。2017 年 11 月 27 日，浦北农商行获得原广西银监局的筹建批准，2018 年 12 月 18 日，获得批复开业，成为钦州市首家农商行。

（三）培育发展多层次资本市场

推动企业上市融资。加大扶持企业上市力度，积极组织申报进入自治区上市后备企业资源库。目前，钦州市在"新三板"挂牌企业 4 家，广西天山电子股份有限公司正在广西证监局进行辅导备案，预计 2020 年进行首次 IPO，近 40 家企业在区域股权交易市场挂牌。已有 22 家企业完成入库培育备案，确定钦州天山电子、润港林业、盛和电子、万山香料、高峰农业和宇峰食品等 6 家企业作为重点扶持企业。

产业投资基金加快发展。一是推动中马钦州产业园区教育装备产业投资基金继续对外投资。该基金资金规模 1 亿元，已向福建智趣互联科技股份有限公司、福建光速达物联网科技股份有限公司 2 家企业投资 7400 万元。二是设立新兴产业投资引导基金。中马钦州产业园区与广州万联证券有限公司合作设立了广西中马钦州产业园区顺泽兴展投资合伙企业（有限合伙），基金总规模 30 亿元，首期规模为 15 亿元，拟参投各类市场化运作的子基金以及相关优质产业项目等，优先参投园区已设立或拟设立的各类基金。三是设立广西清控中马产业投资引导基金。中马钦州产业园区与广西清控投资管理有限公司合作设立了广西清控中马产业投资引导基金，该基金总规模 50 亿元，首期规模为 10 亿元，近期准备参投第一批子基金。四是利用自治区北部湾办 5000 万元引导资金，推进临港产业投资基金设立。钦州临港产业投资基金设立框架协议已经经过市政府审定同意，广西钦州临海投资有限责任公司与惟鼎大千、福建平潭惟鼎腾发投资管理有限公司设立了钦州大千产业投资管理合伙企业（有限合伙），下一步进行注资和基金备案登记相关工作。

（四）推进保险市场发展

积极探索通过保险债权投资计划等方式筹集资金。经过多方争取，2014 年 11 月 6 日，兴业银行和人保资本投资管理有限公司合作，以钦州港 30 万吨级进港主航道、支航道工程作为募投项目办理 8 亿元保险债权投资计划融资业务。

推进政策性农业保险。目前，灵山县有 2 个乡镇挂牌成立"三农"保险服务部、18 个镇挂牌成立"三农"保险服务站、211 个行政村挂牌成立"三农"保险服务点，初步建成服务到位、运行规范的"三农"保险服务网络。钦州市政策性农业保险范围扩大到水稻种植、糖料蔗、商品林、公益林、奶牛、能繁母猪等保险。

创新开展小额贷款保证保险试点工作。2015 年出台《钦州市小额贷款保证保险风险补偿暂行办法》（钦市财金〔2015〕28 号），安排 1000 万元财政资金作为小额贷款保证保险风险补偿金，引导银行提供发展所需的贷款资金，由保险公司对所发放的贷款资金提供信用保证保险。2015 年 6 月 11 日，人保财险浦北支公司与广西太极洋木业有限公司成功签下第一笔小额贷款保证保险合同，浦北国民村镇银行有限责任公司成功为广西太极洋木业有限公司发放了 150 万贷款。

（五）加快农村金融产品和服务方式创新

进一步改善农村支付服务环境。继续深化"农金村办"行政村金融服务模式，建立覆盖城乡的金融服务体系，有力促进普惠金融深入发展，实现社会效应和经济效益双赢。辖区农村支付服务实现了"四个100%全覆盖"，中国人民银行大小额支付系统等现代化支付系统对辖区县域银行网点的覆盖率达到100%；银行业金融机构营业网点对县级行政区覆盖率达到100%；ATM机具布放对乡级行政区的覆盖率达到100%；银行卡助农取款服务点对村级行政区的覆盖率达到100%。同时，引入网上银行、手机银行等新型支付方式，探索打造"助农取款+惠农通""助农取款+手机支付""助农取款+电子商务"等农村普惠金融特色模式，积极推动非现金支付工具不断普及和创新，有效满足农村综合支付服务发展需求。目前，辖区共建设助农服务点1479个，其中惠农支付服务点1479个，金融综合服务站62个，ATM机、POS机终端布放数量分别达1033台、21678台。

着力推进农村信用体系建设。为进一步畅通银行机构为广大农民服务的渠道，改善农村金融生态环境，钦州市积极指导各县区和金融机构开展信用户、信用村、信用乡镇、信用县的农村信用"四级联创"工作，截至2018年12月末，灵山县、浦北县、钦南区、钦北区均创建了农户信用信息系统，全市共录入农户信息665319户，占比90.05%。全市共创建1个信用县、34个信用乡镇、511个信用村、41.4余万户信用户，信用乡镇、信用村、信用户创建面分别达62.96%、56.28%、58.18%。同时推进农村金融服务进村活动示范点建设，已在灵山沙坪镇、浦北白石水镇、钦南区久隆镇、钦北区那蒙镇等地各建立1个"三农"金融综合服务室示范点，并在此基础上在全市范围内逐步推广。

（六）促进贸易投资便利化

资本金意愿结汇试点政策成功落地并最终在全国推广。2014年8月4日，中马钦州产业园区成为广西唯一获批可开展外商投资企业资本金意愿结汇业务的园区，政策实施后，中马钦州产业园区办理了资本金意愿结汇业务 11 笔，金额合计 2079 万美元，为在全国范围内实施外商投资企业外汇资本金意愿结汇政策提供了有价值的参考。2015 年 3 月，国家外汇管理局在总结前期部分地区试点经验的基础上，在全国范围内实施外商投资企业外汇资本金结汇管理方式改革，对外商投资企业外汇资本金实行意愿结汇；2016 年 6 月外债资金也可按照意愿结汇方式办理结汇手续。中马钦州产业园区的试点经验为全国全面推广意愿结汇政策起到积极的促进作用。

经常项目跨境外汇轧差净额结算试点获批施行。2015 年初，该市积极开展创新政策需求研究，提出经常项目外汇轧差净额结算业务政策需求，积极与上级部门沟通联系，国家外汇管理局于 2015 年 10 月批复广西开展经常项目下跨境外汇资金轧差净额结算试点工作。该市积极开展政策培训和宣传工作，目前，符合货物贸易跨境外汇轧差净额结算试点条件的广西天盛港务有限公司已获得国家外汇管理局广西分局的批准，开展此项业务后，每年可为企业节省和避免至少 50 万元的汇兑费用及汇兑损失。

创新外汇监管模式。近年来，该市结合辖区外汇业务发展实际，大胆创新，助推外汇监管方式由行为监管向主体监管转变。通过建立综合柜员和监管员责任制度，满足主体监管岗位设置需求；建立岗位轮换制度，促进人员全面转型；建立分析会议制度和监管报告制度，切实转变工作方式；建立分类监管制度，严格执行"扶优限劣"措施。在外汇主体监管影响下，钦州辖区外汇环境大幅改善，涉外经济、园区经济较快增长，辖区国际收支平衡。2018 年末，钦州外汇收支总额为 23.49 亿美元，同比增长 12.84%。

（七）地方金融管理体制不断完善

探索开展民间融资备案登记、合约公证、资产评估等服务。2015 年，出台了《钦州市开展民间融资登记服务机构试点工作实施方案》，探索开展民间融资备案登记、合约公证、资产评估等服务，加强民间融资动态监测和风险预警。鼓励和支持民间资金进入金融市场，畅通民间资金的投融资渠道，搭建中小企业和民间资金信息对接平台，完善中小企业融资信息中介服务体系，提升对民间融资的服务和管理水平，解决中小企业融资难问题。

建立健全辖区金融稳定工作机制。一是巩固金融稳定工作协调机制。钦州市金融办、中国人民银行钦州市中心支行、钦州市银保监分局、市保险协会及证券营业机构等部门保持密切联系，通过电子邮件、短信等形式，定期向钦州保险行业协会采集钦州市保险业风险信息，走访银监部门采集银行业监管数据，与金融办交换小贷公司、担保公司数据信息，与商务局协商收集典当行业数据信息。通过会议、文件等形式加强对证券机构的风险监测，通过密切联系和加强合作，巩固金融稳定工作协调机制，确保各机构配合人民银行做好风险监测，共同维护地方金融稳定。二是强化辖区金融管理。加大力度抓好"两综合、两管理"和按季通报工作，加强问题整改和问责督查，对整改、问责不到位的机构采取通报、约谈等措施强力推动辖区金融机构转作风、强管理，推动金融管理提档次上水平。

（八）建立金融风险防范机制

建立金融生态环境评估机制。建立科学评估机制，制定评估指标体系，定期开展沿边金融综合改革试验区金融生态环境评估指标数据采集、试评估，稳步推进区域金融生态环境进一步改善。

加快社会信用体系建设。制定出台《钦州市人民政府关于贯彻落实〈社会信用体系建设规划纲要（2014~2020年）〉的实施意见》《钦州市企业信用信息征集和发布管理办法（试行）》《钦州市个人信用信息征集和使用管理办法（试行）》等文件，并出台《钦州市2017年社会信用体系建设工作方案》《钦州市2018年社会信用体系建设工作方案》。依托钦州华为云平台和电子政务外网技术支撑，建成运行"信用钦州"，实现信用网站面向公众开放和动态更新。出台了《关于在行政管理事项中使用信用记录和信用报告的实施意见》，将联合奖惩措施嵌入行政审批、公共服务的流程中，建立了货运超限超载、税收违法、文化市场、安全生产、食品安全、环境保护等领域黑名单制度，加大对失信被执行人、安全生产失信行为联合惩戒对象的曝光力度，积极组织开展推荐诚信中小企业，信用红黑名单管理制度不断完善。

严控金融风险。积极贯彻落实全国金融工作会议精神，把主动防范化解金融风险放在更重要的位置。每年组织开展全市小额贷款公司和融资性担保机构的现场检查3~4次，对企业业务工作进行现场指导和督查。认真学习国家和自治区专项整治工作的各项要求，针对各类监管对象的不同特点和互联网金融风险存在的不同领域，制订排查工作方案，及时与自治区地方金融监管局、通信管理局等单位联系，实现监管资源和监管信息共享。每年5~6月，集中开展防范打击非法集资宣传教育活动，各县区和成员单位在社区、街道、广场、农村集镇等人群聚集区，通过悬挂宣传口号条幅，发放宣传资料，设立咨询点，公开举报电话等方式开展宣传教育。

7

百色市金融综合改革发展报告

一 五年发展历程

基本情况

2014～2018 年百色市经济金融基本情况见表 7 – 1。

表 7 – 1 2014～2018 年百色市经济金融基本情况

序号	指 标	2014 年	2015 年	2016 年	2017 年	2018 年	年均增速（%）
1	GDP 总量（亿元）	917.92	980.35	1114.31	1361.76	—	7.10
2	金融业增加值（亿元）	33.03	37.67	40.71	45.30	48.62	10.15
3	进出口总额（亿元）	7.29	16.40	138.07	189.03	217.97	133.84
4	财政收入（亿元）	108.70	114.51	123.22	135.05	145.87	7.63
5	人均 GDP（元）	25806	27363	30881	37479	—	6.40
6	城镇居民人均可支配收入（元）	23282	24958	26919	29126	30611	7.08
7	农村居民人均可支配收入（元）	6145	6766	9348	10171	11086	15.89
8	银行业金融机构总数（家）	24	24	24	26	27	2.99
9	跨境人民币结算总额（亿元）	14.41	34.26	70.61	53.42	63.22	44.73
10	跨境贷款总额（亿美元）	3.03	0.31	2.08	0	0	– 100
11	社会融资规模增量（亿元）	107.45	43.89	111	156.03	181.54	14.01
12	本外币存款余额（亿元）	881.14	948.97	1112.67	1236.8	1274.40	9.66
13	本外币贷款余额（亿元）	673.66	712.01	815.46	922.64	1013.74	10.76
14	保险业保费收入（亿元）	11.81	14.70	18.86	23.27	26.43	23.99

注：农村居民人均可支配收入指标于 2016 年调整统计口径。

数据来源：百色市金融办。

百色作为列入试验区范围的六个市之一，严格按照《广西壮族自治区人民政府关于建设沿边金融综合改革试验区的实施意见》要求，充分发挥百色地处广西西部，北与贵州接壤，西与云南毗邻，东与南宁相连，南与越南交界的沿边区位优势，寻求在沿边经济金融发展、金融综合改革中取得突破，不断创新工作方法，按年度规划工作重点、分解工作任务，建立相应的工作机构和工作制度，逐步建立健全沿边金融服务体系和开发开放平台，呈现多点突破、纵深推进、次第开花的良好态势。沿边农村金融创新不断增强，小额信贷推动金融精准扶贫工作进一步加强，边境地区小额贸易、边民互市和金融机构跨境业务快速发展，跨境人民币结算量快速增长，跨境投融资便利化程度不断提升，金融外汇监管水平进一步提高，为百色经济快速发展和脱贫攻坚提供了金融资金保障。

金融业增加值呈平稳增长趋势。2014～2017 年，百色市 GDP 年均增长率达 14.09%，金融业增加值实现了 11.30% 的年均增长，增速略低于 GDP 年均增速（见图 7-1）。各年金融业增加值占 GDP 比重在 3.6% 左右。在服务实体经济过程中，基本实现了金融与实体经济均衡发展。

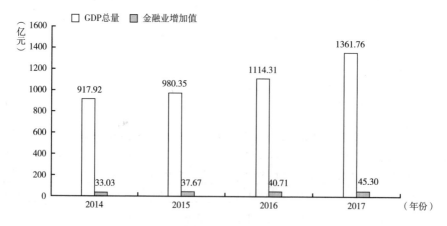

图 7-1　2014～2017 年百色市金融业增加值和 GDP 总量情况

本外币存贷款余额情况。2014～2018年百色市本外币存贷款余额呈持续上升趋势，2018年末本外币存款余额、贷款余额分别为1274.4亿元和1013.74亿元，分别年均增长9.66%、10.76%（见图7-2）。

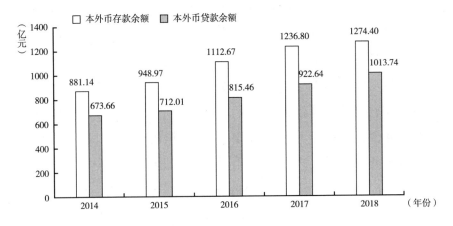

图7-2　2014～2018年百色市本外币存贷款情况

二　沿边金融综合改革取得的成效

（一）建立健全金融服务体系和开发开放平台，推动边境地区金融机构跨境业务深入发展

优化跨境金融服务环境，畅通跨境结算渠道。2014年以来，各金融机构积极扩展跨境金融服务网点，完善金融服务体系，畅通金融结算渠道。目前，百色市累计有89家市场主体办理跨境人民币业务、11家金融机构59个网点开办国际（跨境）结算业务，业务覆盖境外20个国家和地区，8家银行业金融机构共为越南企业开立9户NRA账户。2014～2018年，百色市金融机构跨境人民币二次结算的业务量分别达14.41亿元、34.26亿元、70.61亿元、53.42亿元、63.22亿元。2016年全市跨境人民币业务结算量突破70亿元，2018年为63.22亿元，全

市跨境人民币业务结算量从 2014 年至 2018 年连续 5 年成为第一大跨境结算货币。截至目前，百色市共有 6 家银行与越方银行签订结算协议，分别为柳州银行百色分行与越南投资与发展股份商业银行高平分行、靖西农商行与越南工商股份商业银行高平分行、农行靖西支行与越南农业与农村发展银行茶岭县支行、中行靖西支行与越南投资发展银行高平分行、邮储银行靖西市支行与越南工商股份银行高平分行、那坡农商行与越南投资与发展股份商业银行高平分行，采取"相互对存资金"模式清算中越双边贸易结算款项。

搭建平台，推动互市贸易结算。2015 年搭建了中国（广西靖西）东盟货币服务平台，实现了人民币兑越南盾柜台挂牌交易。2015 年搭建了中国（广西靖西）东盟货币服务平台，与东兴市、凭祥市实行价格联动，打造了人民币兑越南盾汇率的"广西价格"，实现了"一个声音，统一报价"的人民币兑越南盾汇率报价模式。中国（广西靖西）东盟货币服务平台实现人民币兑越南盾柜台挂牌交易，截至 2018 年 12 月末，该平台累计交易量为 4.96 万亿越南盾，有效降低了涉外企业的汇兑成本，为中越经贸提供了更多便利。推动靖西龙邦万生隆国际商贸物流中心开办互市贸易结算业务窗口，目前开办的代收代付业务日均结算量达 300 万元人民币。

（二）实施边贸外汇收支差异化管理，促进互市贸易健康有序发展

积极搭建"广西边境口岸互市贸易结算互联互通信息平台"。该平台届时将连接海关边民互市贸易申报系统，实时接收边民互市贸易申报数据，并向银行开放边民互市贸易报关电子信息，实现边民互市贸易监管互联互通，使边民互市贸易从海关申报到资金结算全流程电子化监管，便利银行进行贸易真实性审核。2017 年，中国人民银行百色市中心支行成功推动边民互市结算纳入银行体系，通过"金融机构＋企业"

模式，在平孟口岸、龙邦口岸探索建立互市贸易结算中心，开展边民互市贸易收支结算，大幅提升了贸易便利化程度。

银行机构进一步简化企业收汇和结汇手续。百色市制定下发了《促进贸易投资便利化完善真实性审核的指导意见》，督促金融机构做好新增外资企业协议信息与境内外直接投资企业存量权益信息登记，认真办理金融机构标识码申领、即期结售汇业务市场准入等外汇业务，督促银行机构进一步简化企业收汇和结汇手续，积极促进贸易投资便利化。

推动贸易投资便利化。国家外汇管理局百色市中心支局将一些审批事项直接下放至银行办理，并取消了进出口逐笔核销制度，按照"奖优限劣"原则对企业实施分类管理，取消服务贸易事前审批，大幅简化单证，简化直接投资外汇管理。截至 2018 年 12 月末，共对 46 家符合条件的边贸企业及来料加工企业在货物贸易监测系统设置特殊标识，实行差异化宽松式管理方式，有效支持了边境贸易的繁荣稳定发展。简化直接投资外汇管理、实施资本金意愿结汇、全口径跨境融资宏观审慎管理等政策，服务实体经济稳步发展。外汇业务全面实现了事中事后管理，辖区 283 家进出口企业、33 家外资企业、9 家银行享受到便利化的改革成果。

（三）深入推进农村金融改革，不断创新沿边金融服务模式

加强金融组织体系建设。推动"引金入百"，桂林银行百色分行、靖西长江村镇银行于 2017 年开业。中国银行田东支行、柳州银行龙邦支行、北部湾银行靖西支行分别于 2018 年 12 月顺利开业。百色右江华润村镇银行落实"多县一行"政策，在隆林县设立支行，并于 2018 年 12 月 28 日开业。广西金融投资集团将分支机构向全市 12 个县（市、区）延伸，实现县域分支机构全覆盖。目前全市 12 家县域农合机构已经完成 9 家农商行的改制工作。

农村信用体系有序推进。全市信用户、信用村、信用乡（镇）创建面分别达 59.33%、63.09% 和 66.17%。

完善农村支付体系建设。全市银行卡助农取款服务点共布设 2167个，实现行政村全覆盖，其中农村金融综合服务站 218 个。全市共布放 1450 台 ATM 机、22573 台 POS 机，达到每万人拥有 ATM 机 3.7 台，每万人拥有 POS 机 57.7 台，消灭支付服务空白村。网上银行、手机银行、电话银行等在农村广泛推广，网上银行开户达 238.5 万，手机银行开户达 209.9 万，电话银行开户达 80.1 万，其中网上银行、手机银行同比分别增长 35.7%、20.1%，实现网上银行、手机银行用户分别保持 10% 以上的增长。

推动村级金融服务组织"农金村办"标准化建设。2016 年底百色成为广西首个"三农金融服务室"行政村全覆盖的设区市，农村金融服务"最后一公里"全面打通。2018 年，以调整充实"三农金融服务室"人员、金融知识及相关业务作为工作重点，进一步强化"三农金融服务室"标准化建设。

农村金融产品与服务方式创新不断增强。金融机构累计创新推出农村金融服务产品 44 种、服务方式创新项目 9 项，涵盖信贷和支付结算等各个环节。"两权"抵押贷款试点工作取得突破，贷款实现增量扩面。辖区办理"两权"抵押贷款业务的金融机构由法人金融机构拓展至建行、农行、邮储银行等全国性金融机构，办理"两权"抵押贷款的机构由 4 家增加至 7 家，截至 2018 年 12 月末，全市"两权"抵押贷款余额 3.34 亿元。

（四）建设全国政策性金融扶贫实验示范区，强力推进金融精准扶贫

顺利推进建设全国政策性金融扶贫实验示范区。百色市围绕贫困县区和边境地区新型城镇化建设和特色产业发展精准发力，顺利推进

建设全国政策性金融扶贫实验示范区。2016 年以来百色实验示范区累计获批贷款项目 57 个，审批贷款 150 亿元，累计投放贷款 111 亿元。截至 2018 年 12 月末，农发行百色分行各项贷款余额 93.6 亿元，比年初增加 5.6 亿元，增幅 6.4%，高于全区农发行系统平均增速，增量居第 2 位，比 2016 年增长 34.68%。2018 年以来，农发行百色分行共审批贷款 120 亿元，累计投入支农资金 30.3 亿元，精准扶贫贷款余额 74.25 亿元，比 2016 年增长 28.71%，占全行贷款余额的 79.3%，占百色市银行业精准扶贫贷款的 48.5%，惠及全市建档立卡贫困人口 39 万余人。所投入的资金重点用于支持贫困农村基础设施、易地扶贫搬迁、水利、农村路网、教育扶贫、医疗扶贫、旅游扶贫、乡村振兴等扶贫项目。截至 2018 年 12 月末，累计投放贷款 4.3 亿元，用于百色市右江区深圳小镇易地扶贫搬迁项目建设，百色市共计 14 个项目 14408 户搬迁入住；持续发力支持基础设施扶贫，突出支持棚户区改造、农村路网、整体城镇化建设等基础设施项目 12 个，审批贷款金额 82.24 亿元（其中棚改项目累计审批贷款 68.94 亿元），累计投放基础设施条线贷款 14.93 亿元；累计获批教育扶贫贷款 7 个，审批贷款金额 13.48 亿元，用于支持乐业、田东、凌云、田阳、隆林等县义务教育均衡发展项目建设；累计投放教育扶贫贷款 5.22 亿元；正在申报全区首笔健康扶贫贷款项目，申报金额 9 亿元，用于百东医院项目建设。

强力推进金融精准扶贫。2018 年全市金融精准扶贫贷款余额 153.03 亿元，金融扶贫贷款支持带动及服务贫困人口总量达 212.62 万人，基本上覆盖全市所有贫困人口。2018 年百色市农合机构扶贫小额信贷工作顺利推进，百色辖区农合机构对全市 16.13 万户贫困户进行评级授信，总额达 80.18 亿元，截至 2018 年 12 月，累计为 7.54 万户建档立卡贫困户发放扶贫小额贷款，余额 35.79 亿元。柳州银行百色分行创新开展边贸扶贫取得新成效。全市贫困人口从 2012 年的 148.26 万人下降到 2017 年的 39.65 万人，累计减贫 108.61 万人；贫困发生率从 44.9% 下降到 11.33%，降幅 33.57 个百分点。其中 2016 年、2017 年精准脱贫攻坚实现 1 个县区即右江区、248 个贫困村、31.98 万贫困人口脱贫摘帽。2018 年 20.2 万贫困人口脱贫，226 个贫困村出列，田阳县、田东县、平果县和西林县等 4 个贫困县摘帽。

8

崇左市金融综合改革发展报告

一 五年发展历程

崇左市有 4 个县（市）与越南 3 省 10 县接壤，边境线长 533 公里，占广西陆路边境线总长度的 52.3%，全市有国家一类口岸 5 个，二类口岸 2 个，边民互市贸易点 14 个，是中国陆路口岸最多的边境城市。自 2014 年 1 月以来，崇左市坚持以跨境金融业务创新为主线，以服务"一带一路"为中心，充分发挥"边"的特色，做足"边"的文章，不断完善金融服务功能，深化金融体制改革，积极推进沿边金融综合改革试验区建设，促进了边境地区金融和谐发展，为崇左市经济社会发展提供了强有力的金融支撑。

2014~2018 年崇左市经济金融基本情况见表 8-1。

表 8-1　2014~2018 年崇左市经济金融基本情况

序号	指　标	2014 年	2015 年	2016 年	2017 年	2018 年	年均增速（%）
1	GDP 总量（亿元）	649.72	682.82	766.20	907.62	1016.49	11.84
2	金融业增加值（亿元）	21.05	23.98	27.56	30.69	33.26	12.12
3	进出口总额（亿元）	146.94	201.33	185.74	198.52	223.60	11.07
4	财政收入（亿元）	73.16	75.15	58.20	55.25	57.58	-5.81
5	人均 GDP（元）	31944	33355	37161	43678	48564	11.04
6	城镇居民人均可支配收入（元）	23152	24634	26605	28813	30916	7.50
7	农村居民人均可支配收入（元）	8273	8918	9801	10860	12000	9.74
8	银行业金融机构总数（家）	15	15	15	16	16	1.63

续表

序号	指　标	2014 年	2015 年	2016 年	2017 年	2018 年	年均增速（%）
9	跨境人民币结算总额（亿元）	795.09	861.68	891.44	382.84	496.01	-11.13
10	跨境贷款总额（亿美元）	0.0371	0.0314	0.0291	0.0724	0.0692	16.85
11	社会融资规模增量（亿元）	—	32.10	32.64	68.49	100.22	—
12	本外币存款余额（亿元）	561.74	607.23	700.13	785.44	826.07	10.12
13	本外币贷款余额（亿元）	336.82	373.12	390.24	449.34	503.59	10.58
14	股票融资额（亿元）	0	0	0	0	0	0
15	上市公司市值（亿元）	0	0	0	0	0	0
16	保险业保费收入（亿元）	7.12	8.72	10.83	12.77	15.06	20.60
17	保险深度（%）	1.10	1.28	1.41	1.41	1.48	7.70
18	保险密度（元）	350.06	425.96	525.26	614.54	719.51	19.74

数据来源：崇左市金融办。

金融业增加值呈平稳增长趋势。2014～2018 年，崇左市金融业增加值年均增速略高于 11.84% 的 GDP 年均增速，各年金融业增加值占 GDP 比重在 3.5% 左右。在服务实体经济过程中，基本实现了金融与实体经济均衡发展（见图 8－1）。

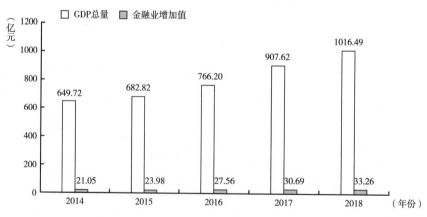

图 8－1　2014～2018 年崇左市金融业增加值和 GDP 总量情况

本外币存贷款余额情况。崇左市金融体系的逐步完善，促进了各项金融指标稳中向好，截至 2018 年 12 月末，全市银行业金融机构人民币各项存款、贷款余额分别为 826.07 亿元、503.59 亿元，分别同比增长 5.2%、12.1%，增速分别排在全区第 10 位和第 9 位（见图 8 - 2）。

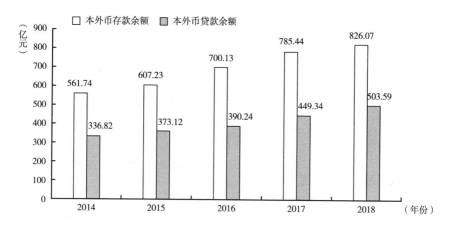

图 8 - 2　2014～2018 年崇左市本外币存贷款情况

保险行业发展势头良好。总体来看，崇左市保险行业发展势头良好，2018 年全市保险总保费收入 15.06 亿元，同比增长 17.93%（见图 8 - 3）；

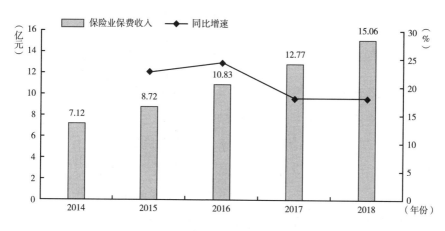

图 8 - 3　2014～2018 年崇左市保费收入金额及同比增长率情况

赔付累计 6.07 亿元，同比增长 30.43%。2014~2018 年全市保费收入呈上升趋势，年均增长率达到 20.60%。2018 年崇左市保险密度 719.51 元，2014~2018 年年均增长 19.74%，居民参保意识明显增强；2018 年崇左市保险深度 1.48%，2014~2018 年年均增长 7.70%。

二 沿边金融综合改革取得的成效

崇左市高度重视沿边金融综合改革工作，坚持把沿边金融综合改革试验区建设作为全面深化改革的重点工作来抓，立足优势，开拓创新，全力抓好各项改革工作，取得了阶段性成效。

（一）多元化现代金融体系加快建立

崇左市充分利用沿边金融综合改革有关先行先试政策，加快建立与经济社会发展相适应的多元化现代金融体系，不断提升金融服务水平，推动金融业不断发展壮大。目前全市共有各类金融机构 39 家，其中银行业金融机构 16 家，保险机构 13 家，小额贷款公司 6 家，融资担保公司 3 家（其中政府性融资担保 1 家），证券机构 1 家，初步形成了银行、证券、保险等层次分明的金融体系。

（二）跨境人民币业务创新积极推进

大力推动跨境人民币结算。积极引导辖区各金融机构与越南金融机构加强合作交流，建立工作联系机制，推动双边本币结算。目前，全市有 10 家银行机构与越南边境的 14 家银行分支机构签署合作协议，越南银行在崇左辖区银行开立的人民币同业往来账户增加到 57 个，全市跨境人民币结算银行增加到 7 家，进一步扩大了跨境人民币结算服务主体，最大化便利了企业和个人的跨境人民币结算。通过大力推进跨境人民币业务创新，持续扩大了人民币在边境贸易中的使用范围，推动人民币成为崇左市第一大结算币种。自 2010 年 6 月开展跨境人民币结算试点起至 2018 年 12 月末，崇左市跨境人民币累计结算量 4893.77 亿元，连续八年稳居全区第一。其中，2018 年崇左市跨境人民币结算量 496.01 亿元，同比增长 29.56%，占崇左市本外币跨境收支比重的 92.05%，占全区跨境人民币结算量比重的 38.06%。

率先开展越南盾、人民币现钞跨境调运。2017 年 8 月 30 日，在全区率先启动越南盾现钞跨境调运业务，开了广西通过陆路口岸直接从越南调运越南盾现钞的先河。2018 年 2 月 28 日，率先开展首笔中越人民币现钞跨境调运业务。越南盾、人民币现钞跨境调运业务的成功开展，标志着广西真正建立了中越双边本币回流机制，形成了人民币"出得去、留得住、回得来"的闭环流动模式。

建立人民币对越南盾直接汇率形成机制。依托中国（广西凭祥试验区）东盟货币服务平台，边贸结算银行统一执行有市场竞争力的汇率定价，从"地摊银行"夺回了人民币对越南盾汇率的主导权，建立了以银行为主导的人民币对越南盾直接汇率形成机制。启动运行中国（广西凭祥试验区）东盟货币服务平台，由凭祥市中国工商银行、中国农业银行、中国银行、中国建设银行、中国邮政储蓄银行、北部湾银行 6 家边贸结算银行（分行、支行）成立自律小组，按周轮值定价，综合考虑境内外人民币对美元、美元对越南盾汇率和银行盈利需要，套算确定人民币对越南盾汇率，以一日多价形式在平台上统一对外发布。银行主导的官方报价通常比"地摊银行"优惠 20～30 个点，为边贸主体节约了换汇成本，极大便利了边贸结算。自 2014 年 11 月平台建立起至 2018 年 12 月，累计交易量 386.44 亿元。

建立边民互市贸易结算服务中心。大力推广龙州县水口互市贸易结算改革试点成功经验，在凭祥市浦寨、弄怀、平而、叫隘、油隘，宁明县爱店、那花等 7 个边民互市点组建运行边民贸易结算服务中心，引导互市贸易结算由"地摊银行"向银行正规渠道转移。结算服务中心统一收集归类边民货款，再通过银行集中对外支付给越南商户，降低了边民分散结算的时间成本和资金成本。同时，结算服务中心通过"边贸服务平台"与海关对接互市进出口数据，解决了银行真实性审核难题，推动互市贸易结算便利化、规范化。自2014年11月建立边民互市贸易结算服务中心起至2018年12月，结算量累计238.23亿元。其中，2018年崇左市边民互市贸易结算服务中心结算量累计82.88亿元。

实现跨境结算监管电子化。推动人民银行、外汇管理局、商业银行与海关、商务等部门通过"边贸服务平台"信息系统实现互市贸易数据共享，实现对互市贸易进行全流程穿透式监管。

（三）积极推动跨境保险业务创新发展

崇左市积极推动保险机构开展跨境保险业务，务实推进沿边跨境保险市场建设，率先开展机动车出境综合商业保险业务、跨境劳务人员人身意外保险业务，首创健康扶贫"一站式"即时结算服务平台，积极推动出口信用保险，帮助外贸企业破解"有单不敢接""有单无力接"的难题，填补行业出境机动车保险产品的空白，解决了越南务工人员在华发生意外时权益保障的问题，为跨境人、财、物保险需求提供保障。

率先开展机动车出境综合商业保险业务。2017年9月5日，崇左市与中国人保财险广西分公司合作，在全国率先签发第一单机动车出境综合商业保险，填补了行业出境机动车保险产品的空白。2018年，全市购买出境综合商业保险机动车共1.87万辆，保额9.37亿元，保费收入74万元。

积极开展跨境劳务人员人身意外保险业务。出台《崇左市跨境劳务人员人身意外保险实施意见》，组建跨境保险服务中心，推动崇左市跨境劳务人员意外保险项目落地实施。2017年8月30日，中国人寿崇左分公司签订全市首单跨境劳务人员意外险，至2017年底，全市累计购买跨境劳务人员意外险6.83万人次，保费收入179.23万元。2018

年，全市购买跨境劳务人员意外险共 13.68 万人次，保额 239.35 亿元，保费收入 348.63 万元，赔付 10.33 万元。

大力推进政保合作。与中国出口信用保险公司广西分公司签订战略合作协议，中信保通过为该市外贸企业提供出口收汇风险保障、商债追收、信息咨询等金融服务，帮助外贸企业破解"有单不敢接""有单无力接"的难题，为全市边贸繁荣提供了风险保障。2018 年中国信保在崇左地区服务支持客户 142 家，承保一般贸易出口金额 7429.44 万美元，保费 11.2 万美元，赔付 0 万美元。

（四）持续深化农村金融改革

崇左市围绕金融支撑农业现代化、新型城镇化和乡村振兴战略主线，通过健全金融组织体系，创新金融产品，合理配置金融资源，不断增强农村金融发展活力。

完善农村金融机构体系。辖区 7 家农村合作金融机构于 2016 年全部改制为农村商业银行，成为全区首个农信社改制全覆盖的地级市。2017 年新设立了大新长江村镇银行，增加了信贷支农支小力量。

加快建设农村信用体系。推动辖区 7 个县（市、区）全部建立农户信用信息系统，累计完成农户信息入库 39.97 万户，入库率达 76.26%。大力推进农村信用四级联创。截至 2018 年 12 月末，全市累计创建 29.66 万信用户，占比 56.58%；创建信用村 394 个，占比 52.25%，创建信用乡（镇）40 个，占比 53.33%。大力推广"农金村办"模式。截至 2018 年 12 月末，全市累计创建"三农金融服务室"748 个，行政村覆盖率达 99.2%。

支持农村支付体系建设。积极引导金融机构创新支付服务方式，如引导中国人民银行在农村地区推广大小额支付系统、农信银资金清算系统等，全市 754 个行政村实现支付服务全覆盖。在凭祥市建成广西边境地区第一个"刷卡无障碍示范商圈"，极大改善了该市边境贸易的支付服务环境。在全区首创将第三方支付引入银行卡助农取款服务，有效解决了农村金融支付服务最后"一公里"问题。

加强农村抵押担保体系建设。加快推进政府性融资担保体系建设，着力构建新型政银担合作关系与"4321"风险分担机制。截至2018年12月，崇左市政府性融资担保机构共完成34笔"4321"新型政银担业务，在保余额11024万元，担保业务实现县域全覆盖。

加强惠农保险体系建设。一是打造糖料蔗价格指数保险崇左"升级版"。崇左市是中国"糖都"，该市与广西银保监局共同打造糖料蔗价格指数保险崇左"升级版"，糖料蔗价格指数保险试点县份由1个扩大到5个，试点范围由12万亩扩大到25万亩，保险期限由1年延长至3年，提前锁定蔗农未来三年种植收益，稳定蔗农种植预期，建立了保险价格随糖价水平上涨同步提高的联动机制，确保蔗农价格下跌有保底，价格上涨有收益。二是大病保险业务创造了多个广西第一。从2014年始，中国人寿崇左分公司承办崇左市大病保险业务，获得大病保险补偿的群众医疗费用实际报销比例超过70%，与大病保险实施前相比，提高了16个百分点，并成为全区首家实现"一站式"即时结算服务和全区首家对建档立卡贫困户实施大病保险理赔倾斜的保险公司，2016年国家卫计委以此作为优秀案例在全国培训会上宣讲，中国人寿崇左分公司荣获全国"保险精准扶贫先锋"称号。2018年8月10日，中国人寿崇左分公司全区首创健康扶贫"一站式"即时结算服务平台，整合基本医保、大病保险、民政救助、二次报销、财政兜底等政策，实现出院一站式即时结算，有效解决了贫困患者就医难、费用高、报销烦的问题。此模式得到自治区党委鹿心社书记的高度肯定。目前，健康扶贫"一站式"即时结算服务已在大新、凭祥、天等、龙州和江州全面启动，覆盖贫困人口26.2万人。

创新开展金融扶贫工作。一是探索推广了天等金融扶贫模式。在农村金融综合改革"田东模式"六大体系基础上，出台财政金融支持扶贫十条政策，形成"银行＋保险＋担保＋合作社＋能人"五位一体金融扶贫新模式，提高了金融扶贫成效。二是积极落实扶贫小额信贷政策。截至 2018 年 12 月末，全市共为建档立卡贫困户发放贷款 18.85 亿元，惠及贫困户 4.22 万户。三是出台《崇左市财政金融大力支持"扶贫车间"发展的若干政策（试行）》，创新金融产品，支持产业扶贫持续健康发展，将"扶贫车间"打造成为全区扶贫工作特色品牌。四是推动"险资入崇"工作，与人保财险广西分公司签订保险扶贫战略合作协议，在全市范围内开展 5 亿元额度的支农融资项目，全力助推产业扶贫健康发展。截至 2018 年 12 月末，已累计投放 5500 万元，业务量全区排名第一。

Ⅲ 专题报告

　　五年来，广西各金融监管机构积极推动和引领沿边金融综合改革试验区建设，取得明显成效。在推动跨境人民币业务创新发展、创新农村金融产品和服务方式、外汇管理改革促进贸易投资便利化、完善金融风险防范机制、扩大跨境金融合作交流等方面成效显著。引领带动辖区内银行业金融机构积极参与沿边金融综合改革试验区建设，为广西全面改革和经济转型升级提供了良好金融支撑。沿边金融综合改革试验区资本市场改革发展取得了积极成效。广西保险经济"减震器"和社会"稳定器"作用凸显。

9

广西跨境金融综合改革报告

五年来，中国人民银行南宁中心支行积极推动沿边金融综合改革试验区建设，在推动跨境人民币业务创新发展、创新农村金融产品和服务方式、外汇管理改革促进贸易投资便利化、完善金融风险防范机制、扩大跨境金融合作交流等方面成效显著。

一 跨境人民币业务稳步扩大且创新成果显著

广西沿边金融综合改革启动后，中国人民银行南宁中心支行大力推动跨境人民币业务创新发展，跨境人民币结算量由 2013 年的 1012 亿元增长至 2018 年的 1303 亿元，年均增长率 5.18%。2014～2016 年，人民币连续 3 年成为广西第一大结算币种；2018 年，广西人民币跨境收支占全部本外币跨境收支的比重为 40.12%，高于全国整体水平 8 个百分点。截至 2018 年末，广西 24 家银行的 332 个分支机构开办了跨境人民币业务，为 3350 家企业办理人民币跨境结算，112 个国家和地区与广西发生跨境人民币收付。

从 2010 年试点开始至 2018 年末，广西跨境人民币结算总量达 9715 亿元，在全国西部 12 个省（区）和 8 个边境省（区）中排名第一位。

（一）立足地方特色，创新开展个人跨境贸易人民币结算试点

2013 年 7 月，广西在全国边境省份中率先开展了个人跨境贸易人民币结算试点。2014 年 4 月，在总结东兴国家重点开发开放试验区试点经验的基础上，将个人跨境贸易人民币结算试点区域由东兴试验区扩

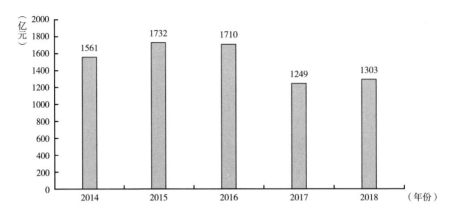

图 9 - 1　2014～2018 年广西跨境人民币结算量

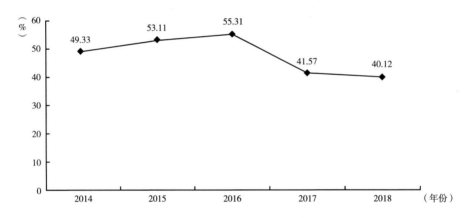

图 9 - 2　2014～2018 年广西人民币跨境收支占全部本外币跨境收支比重

展至整个沿边金融综合改革试验区。试点以来，广西个人跨境贸易人民币结算量大幅增长，截至 2018 年末，广西个人跨境贸易人民币结算量达到 1962 亿元，占同期广西跨境人民币结算量的 24%。

（二）服务实体经济，开展跨境人民币贷款业务试点

2014 年 11 月，广西开展跨境人民币贷款试点工作，允许在试验区注册成立并在试验区实际经营或投资的企业从东盟和南亚国家的银

行业金融机构借入人民币资金，用于符合国家宏观调控方向和产业政策导向的实体经济发展。2016 年 5 月，中国人民银行在全国范围内实施全口径跨境融资宏观审慎管理，并从 2017 年 5 月起将跨境人民币贷款试点纳入全口径跨境融资宏观审慎管理。业务启动至 2018 年末，广西已有 26 家企业从境外融入人民币资金，提款金额 68.46 亿元。

（三）创新口岸管理互联互通体系建设，促进互市贸易结算健康有序发展

中国人民银行南宁中心支行立足数字化金融监管模式创新，于 2018 年 12 月 15 日上线运行广西边境口岸互市贸易结算互联互通信息平台，广西成为全国首个互市贸易结算与报关信息实现互联互通的省（区）。信息平台通过接入海关边民互市贸易报关数据，实现了报关数据和结算数据共享，既提高了监管效能，也为银行提供了贸易真实性核实渠道，银行业务真实性审核时间由以前的平均每笔近半个小时缩短至几分钟，大幅提升了边民互市贸易结算效率，做到了"真边民、真交易、真实惠"。

（四）以市场需求为导向，建设人民币对东盟国家货币银行间区域交易平台

积极探索人民币对越南盾银行挂牌汇价定价机制。2014 年 4 月，东兴试验区上线运行东盟货币信息服务平台，形成了人民币对越南盾银行柜台挂牌"抱团定价""轮值定价"模式。2015 年 1 月，该模式推广至广西凭祥、靖西等其他边境地区。截至 2018 年末，广西已有 14 家银行开办人民币兑越南盾柜台挂牌业务，累计办理交易 8.7 万笔，交易金额 978 亿元人民币，折合 319 万亿越南盾。

推出人民币对东盟国家货币银行间市场区域交易。2014 年 12 月 29

日，广西区内工、农、中、建、交、北部湾 6 家银行成立"广西银行间市场区域交易自律小组"，以市场化运作方式，自律开展人民币对越南盾区域交易，形成透明的人民币对越南盾直接汇率。截至 2018 年末，共达成人民币对越南盾银行间市场区域交易 33 笔，成交金额 3119 万元人民币，折合 1081 亿越南盾。

成功推出人民币对柬埔寨瑞尔的区域性挂牌交易。2017 年 9 月 13 日，人民币对柬埔寨瑞尔银行间市场区域交易启动仪式在第 9 届中国—东盟金融合作与发展领袖论坛上举行，时任自治区党委书记彭清华、时任自治区政府副主席丁向群、时任中国人民银行副行长殷勇、柬埔寨国家银行副行长孙·桑尼盛等领导和嘉宾出席启动仪式，共同见证人民币对柬埔寨瑞尔银行间市场区域交易在广西的启动。截至 2018 年末，人民币对柬埔寨瑞尔银行间市场区域交易共成交 22 笔，成交金额 338 万元人民币，折合 21 亿柬埔寨瑞尔。

（五）开展境外项目人民币贷款业务，支持企业"走出去"参与"一带一路"建设

2016 年 10 月，中国建设银行广西分行、中国进出口银行广西分行、中国农业银行广西分行组成银团与联合钢铁（大马）有限公司签订了 6.64 亿美元和 20 亿元人民币银团贷款合同，为广西"一带一路"重点推进项目——联合钢铁（大马）有限公司在马来西亚关丹钢铁项目的投资建设和运营提供贷款支持。截至 2018 年末，已累计发放贷款 20 亿元。2017 年 5 月国家开发银行与中国港湾科伦坡港口城有限责任公司签署等值 8.05 亿美元的贷款合同，为该公司在斯里兰卡科伦坡港口城基础设施项目（一期）建设提供贷款，此境外贷款项目纳入"一带一路"国际合作高峰论坛签约成果。截至 2018 年末，国家开发银行广西分行已向该项目累计发放贷款 19.62 亿元。

（六）指导跨国企业集团开展跨境双向人民币资金池业务，提高资金运营效率

为柳工、玉柴、北部湾国际港务集团等8家跨国集团企业办理了跨境双向人民币资金池业务备案，核定跨境人民币资金净流入上限489亿元，企业资金池累计结算金额38.9亿元。跨境双向人民币资金池政策的实施，打通了跨国企业集团境内外资金流通的渠道，有利于提高企业集团跨境资金使用效率，控制汇兑风险、降低融资成本，加快全球化经营步伐。

（七）成功开展跨境人民币现钞调运

2018年，中国银行崇左分行和桂林银行防城港分行分别开展跨境人民币现钞调运业务，累计从越南调回人民币现钞988万元，成功打通了境外人民币现钞从越南回流中国的渠道。

二　农村金融产品和服务方式不断创新

（一）推进农村"两权"抵押贷款试点

综合运用MPA、再贷款等政策工具，对金融机构投放"两权"抵押贷款加强资金支持，并在MPA考核和信贷调控中放宽容忍度，确保其有足够的信贷投放空间。截至2018年12月末，沿边地区试点县（市、区）农村承包土地经营权抵押贷款余额4.28亿元，同比增长59.50%；田阳县农房抵押贷款余额1.27亿元，同比增长1268.39%。

（二）深入推进金融精准扶贫工作

自主创新开发的金融精准扶贫信息系统得到中国人民银行总行的肯

定，并在有扶贫任务的各省份推广使用，2018 年 10 月，广西金融精准扶贫信息系统被中国人民银行总行评为 2017 年度银行科技发展奖三等奖。金融机构积极主动对接扶贫对象的资金需求，在 2017 年"扶贫日"组织金融机构与扶贫企业现场签约 260 亿元，2018 年助力百色市成功发行 1.8 亿元全国首单地市级扶贫资产证券化产品，并创新推出"致富贷""边贸市场贷""惠农 e 贷""边民贷"等扶贫特色产品和服务。截至 2018 年 12 月末，沿边金融综合改革试验区金融精准扶贫贷款余额 1617 亿元。

（三）完善农村金融服务

大力改善农村支付服务环境，推广非现金支付工具，建设惠农支付服务点，让农村居民就近享受到小额取款、转账汇款、代理缴费等金融服务。对金融服务进村示范点给予财政奖励，向在农村地区布放金融终端的金融机构进行补贴，激发市场参与积极性。自 2014 年以来，试验区内农村的银行网点从 1161 个增长到 1415 个，现代化支付清算系统对银行网点的覆盖率达 100%，ATM 机从 2282 台增长到 4790 台，POS 机从 4643 台增长到 6.14 万台，银行卡累计发卡量从 1699.15 万张增长到 3476 万张。截至 2018 年末，试验区共建设惠农支付服务点 7802 个，支付服务覆盖全部行政村。深化农村信用体系建设，推进农户信用信息系统建设、农村信用"四级联创"和"三农金融服务室"创建工作，推动广西农村信用大数据平台建设，组织百色市开展"信用 + 信贷"联动模式及"农村金融信用市"创建工作。截至 2018 年末，全区建立农户信用档案 724 万户，较 2013 年末增长 98.9%，试验区内信用农户、信用村、信用乡（镇）创建面达 58.4%、57.1%、60%。统筹推进农村现金服务体系建设，大力打造金融惠民工程，截至 2018 年底，共在农村行政村设立了 13219 个"农村现金业务综合服务点"，提供"精准投放、定点回笼、券别互换"等现金服务，有效改善了农村地区的现金服务水平及现金服务质量，显著提升了农村居民现金使用的满意度、获得感。

三 深化外汇管理改革促进贸易投资便利化

（一）成功搭建面向东盟的外币现钞跨境调运通道

2017 年 8 月，中国银行崇左分行与越南投资与发展银行谅山分行合作完成了 35 亿越南盾（折合 102 万元人民币）现钞的通关入境。2017 年 9 月，中国银行在广西成立了中国银行东盟货币现钞调运中心，为调运东盟货币现钞业务常态化打下坚实基础。2018 年广西银行共调运外币现钞 8 笔，金额折合 3354.85 万美元，其中调入越南盾现钞 4 笔，金额 232.7 亿越南盾，折合 102.41 万美元；调入泰铢现钞 4 笔，金额 25026 万泰铢，折合 800.32 万美元。从第一笔调运业务开展到 2018 年底，广西银行累计调入越南盾 9 笔，金额 350.66 亿越南盾，折合 154.66 万美元；调入泰铢 6 笔，金额 40535 万泰铢，折合 1272.66 万美元。

（二）开展经常项目跨境外汇轧差净额结算试点

允许境内企业与境外同一交易对手在一定时期内对经常项目项下的外汇应收应付款项进行抵扣，仅收付差额。截至 2018 年末，广西辖区共有 8 家企业开办经常项目跨境外汇资金轧差净额结算试点业务，通过轧差结算企业减少了 97.5% 的资金汇兑量。

（三）实施边境贸易外汇收支差异化管理

通过对边境小额贸易企业设置特殊标识，允许企业的货物贸易监测指标与全区平均水平有较大偏离度。截至 2018 年 12 月末，广西共对

632 家符合条件的边贸企业实施外汇收支差异化标识管理，占边境地区名录企业总数的 21.16%。

（四）推进全口径跨境融资宏观审慎管理政策

强化全口径跨境融资宏观审慎管理政策宣传推介及业务培训。截至 2018 年末，广西办理全口径跨境融资业务 96 笔，签约金额 30.42 亿美元，提款金额 27.36 亿美元。

（五）开展跨国公司外汇资金集中运营试点工作

全面启动跨国公司外汇资金集中运营升级版政策推广工作，推动外债比例自律管理业务、离岸资金在岸归集、对外放款等改革试点政策落地实施。截至 2018 年 12 月末，广西共 8 家企业获得跨国公司外汇资金集中运营试点资格，试点企业累计借入外债折合 29319.12 万美元，累计发生对外放款 4549.2 万美元。

（六）率先在中马钦州产业园区试行外商投资企业外汇资本金意愿结汇改革

在钦州产业园区内注册成立的外商投资企业可以享受外汇资本金意愿结汇的优惠，为我国推广资本项目外汇收入资金结汇管理方式改革积累经验。

四　金融风险防范机制进一步完善

（一）建立试验区金融生态环境评估体系

制定了《广西沿边金融综合改革试验区金融生态评估指标体系》，连续两年对试验区各县域金融生态环境进行评估，进一步摸清试验区县域金融生态环境真实状况，推进试验区金融生态环境建设，有效提升试验区金融生态环境层级，为实施"引金入桂"等发展战略和实现防控金融风险等监管目标夯实基础。

（二）建立跨境资金流动统计监测等预警机制

使用自主研发的国际收支间接申报非现场核查系统，对跨境资金异常流出企业进行筛选和重点关注，加大对跨境非法集资、洗钱、恐怖融资等犯罪行为的打击力度。

（三）强化沿边地区反假币反洗钱监管合作

成立跨境反假货币工作（南宁）中心，防城港、崇左、百色分中心及所辖沿边7个县工作站。2016年7月29日，中越反假货币合作联席会议暨中越货币防伪技术与反假培训会首次在中国东兴成功举行。探索沿边反洗钱特色监管，将货币兑换特许机构纳入反洗钱监管范围。强化对沿边地区金融机构的反洗钱监管力度，推动沿边各银行机构将反洗钱合作内容写入与越方银行签订的《边贸结算业务合作协议书》。与海关、公安局打击走私犯罪和洗钱犯罪合作进一步加强，积极开展中越边境地区反洗钱宣传。

五　跨境金融合作交流不断扩大

（一）组团出访交流成果显著

在中国人民银行总行指导下，中国人民银行南宁中心支行先后组团出访越南、柬埔寨。同时，积极参与地方政府组团，先后出访韩国、老挝、柬埔寨、越南，积极宣传广西对外金融合作政策和措施，推介跨境人民币相关政策，重点围绕货币结算、金融合作开放、征信跨境合作、反洗钱合作、人才合作交流与培训、常态化联系机制建设等议题开展交流。

（二）中国人民银行南宁中心支行成功加入广西政府与越南边境四省联合工作委员会

中国人民银行南宁中心支行于 2016 年正式加入联合工作委员会，并成功参加第八次会晤活动，与越南金融管理部门交流平台不断扩大。

10
广西金融综合服务运行报告

五年来，原广西银监局以"完善组织体系，加快改革创新，推进普惠金融，服务实体经济"为抓手，引领带动辖区内银行业金融机构积极参与沿边金融综合改革试验区建设，为广西全面改革和经济转型升级提供了良好金融支撑。

一 推动完善银行组织体系

坚持行政引导与发挥市场机制相结合，推动简政放权，下放 10 项涉及机构设立、人员任命、业务创新等方面的审批权限，设立绿色通道，建立限时办结制，推动机构布局向试验区倾斜，持续优化试验区金融组织体系。2014 年以来，试验区先后引进东亚银行、广发银行、进出口银行、平安银行，新组建 5 家村镇银行。相继成立多家金融租赁公司、财务公司、地方资产管理公司等，填补了地方金融机构空白。银行服务网点增点扩面成效明显，沿边各地市均已有城商行、股份制银行布局，并进一步向东兴、凭祥等边境县域延伸，大型银行通过搬迁逐步填补县域分支机构的空白。截至 2018 年 12 月末，试验区网点达 2636 个，较沿边金融综合改革启动时增加了 263 个。

二 推动试验区成为改革"先行区"

五年来，原广西银监局致力于将试验区作为银行业体制机制改革的"沃土"，推动金融改革创新不断突破和深化。

（一）推动加快农合机构改制步伐

2016 年，崇左市率先实现农商行全覆盖；2017 年，南宁、防城港、钦州实现农商行改制零的突破。目前试验区成立了 21 家农商行，在全区占比超六成，较 2013 年末增加了 17 家。

（二）探索村镇银行设立模式创新

推动在广西批量发起设立村镇银行，积极与发起银行沟通协调，将 6 家新设机构中的 5 家放在试验区，推动南宁率先实现村镇银行县域全覆盖。探索在百色市开展"多县一行"制村镇银行试点，进一步为贫困县域金融服务注入活力。

（三）持续推进农村金融改革试点

试验区内 4 个县被纳入首批全国农村"两权"抵押贷款试点范围，"两权"抵押贷款试点以及金融扶贫示范区建设均在百色率先突破，田东和东兴"两权"确权可颁证率达 100%。

（四）积极支持民营资本进入银行业

强化民营银行培育工作，配合拟订民营银行设立方案，按照"成熟一家、设立一家"的原则，支持试验区内民间资本发起设立民营银行。支持民营资本入股法人机构，辖区城商行成功引进战略投资者，农合机构、村镇银行民营资本比例分别提升至 98% 和 94%。

（五）推动新政新规在试验区落地

部署将普惠金融事业部改革、联合授信、市场化债转股、产融合作、银税互动、金融扶贫试验区建设、信贷限时办结制等改革措施率先在试验区"开花结果"，彰显试验区"先行先试"平台作用。

三 围绕区域特色做实普惠金融

（一）做好"边"的文章

推动广西沿边六市率先实现银行网点乡镇全覆盖，开设农村金融便民服务点近 6000 个，部分银行紧贴边民需求创新推出边贸结算专用卡，实现年交易额近 4000 万元。2017 年首次实现与越南盾现钞调运，全年完成 85 亿越南盾调运。鼓励各行探索开发适合边境地区的金融产品和服务模式，构建"互助组 + 边民 + 企业 + 金融"的边贸金融生态圈，推出"互市贷""惠边贷"等边贸专项融资产品，广西区农信联社"边民贷款"被中国银行业协会评为服务三农和服务小微企业五十佳金融产品。推动边境县域存款支持当地发展。截至 2018 年 12 月末，试验区边境县域贷款余额 585 亿元，边境县域存贷比 62%，较 2015 年末提高了 4 个百分点。

（二）注重"小"的工作

一是推动五家大型银行全部设立普惠金融事业部，全辖组建服务小微企业的机构和社区支行超 300 家，持续解决"缺主体"问题。二是推动 18 家主要商业银行建立信贷限时办结制度，不断完善续贷政策，部分银行为小微企业量身定制了"小微快贷""乐意贷"等线上融资产品，实现贷款"秒批秒放"，解决"缺服务"的不足。三是创新开展"走进三个一百""金融五进村""三进三送"等系列主题活动，解决"缺信息"难题。四是推进"4321"政策性融资担保体系建设，实现自治区、市、县三级全覆盖，解决"缺担保"瓶颈。五是开展"一行一品"普惠金融创新活动，试行知识产权质押贷款，广西银行业多个特色金融产品被评为全国服务"十佳"产品，解决"缺产品"问题。

（三）改善"贫"的服务

下发各年度金融扶贫指导意见，完善考核机制，落实精准扶贫"四单原则"，创新开展"金融支持乡村振兴"专项行动，助推农发行、国开行分别在百色、南宁组建扶贫示范区和脱贫攻坚平台，在试验区创新试点"边境贸易＋精准扶贫"金融服务模式。截至2018年12月末，全区金融扶贫贷款余额730亿元，其中试验区内各项扶贫贷款余额327亿元，在全区占比45%。

（四）解决"贵"的难题

一是推动试验区金融服务收费同城化。从2015年7月1日起，取消试验区六市同一银行内以异地为依据设立实施的差异化收费项目，让消费者切实享受到金融改革"红包"。二是出台银行业降低企业融资成本工作方案，持续开展不合理服务收费项目清理，推动银行精简、降低服务收费项目70多项。三是指导辖区银行业金融机构创新开发出"接力贷""再融资"等50多种续贷产品，帮助小微企业融资"无缝"对接。

四 紧贴"一带一路"强化金融支持

五年来，原广西银监局结合服务实体经济、支持供给侧结构性改革、普惠金融、金融扶贫与沿边金融综合改革相契合的政策文件，将金融改革与服务实体紧密结合，引导金融机构多渠道筹集资金，突出支持重点，加大支持力度。

（一）信贷投放力度加大

截至2018年12月末，试验区各地市贷款余额1.62万亿元（见图

10-1），较沿边金融综合改革启动时增长89%，五年来新增贷款7657亿元，在全区占比高达61%，其中交通运输业贷款余额2833亿元，较沿边金融综合改革启动时增长84%，有力地支持了沿边地区交通基础设施互联互通建设。

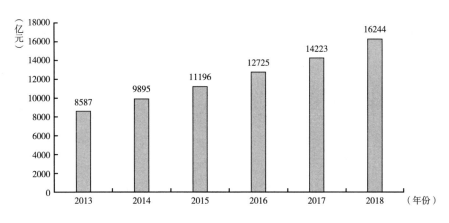

图10-1　2014~2018年广西沿边六市信贷投放情况

（二）积极助力贸易便利化

有7家银行组建东盟业务中心，开办专营业务；基层银行积极创新，探索人民币兑越南盾柜台挂牌"抱团定价""轮值定价"的"东兴模式"；广西银行业跨境人民币贷款、现钞调运等业务从无到有取得突破，广西—东盟跨境人民币资金汇划高速路不断拓展，跨境人民币结算量连续多年位居边境省份第一。截至2018年12月末，广西全辖银行业贸易融资余额317.77亿元，同比增长26%。

（三）大力支持企业"走出去"

辖区银行积极助力企业向境外获取低成本资金，引进跨境人民币贷款57亿元，通过双向资金池、海外代付、跨境资产转让等业务融资超过300亿元。此外，还通过向境外机构发放外汇贷款、参与设立人民币国际投贷基金、创新发展基金、发行外币债券、举办企业金融合作及贸易洽谈会等方式支持企业"走出去"。

（四）做好海外项目金融服务

对接"一带一路"沿线国家海外项目尤其是东盟国家项目，进行精准支持。2018年12月末，全辖境外贷款余额389亿元，较2013年末增长103%。辖区内对越南、柬埔寨、斯里兰卡等"一带一路"沿线国家已累计发放贷款超70亿美元，中国建设银行牵头组建马来西亚"关丹钢铁"10亿美元银团贷款项目，中国工商银行成功办理了广西首笔7.6亿元的人民币境外放款业务。

五　切实推动改善金融生态环境

加强风险防范，签订金融监管合作备忘录，推动建立了政府主导、多方参与的涉企风险防控和处置机制。持续压实风险防控责任，建立渐进式监管工作机制和区域性系统性风险监测体系，加强风险监管，守住风险底线。完善债委会机制营造协同发展氛围，支持优质企业415家、帮扶困难企业130家，充分发挥了"稳增长、促发展、防风险"的平台作用。坚持监管借力优化外部生态环境，建立多部门会商机制，推动政府完善"4321"风险分担机制、应急转贷互助机制、失信联合惩戒机制和法院"速裁机制"，多形式开展金融宣传活动，唱响广西银行业服务地方经济和改革发展的"好声音"，切实推动改善了金融服务外部环境。

11

广西资本市场改革发展报告

2014 年以来，广西证监局认真贯彻落实《云南省　广西壮族自治区建设沿边金融综合改革试验区总体方案》（银发〔2013〕276 号）和《广西壮族自治区人民政府关于建设沿边金融综合改革试验区的实施意见》（桂政发〔2014〕3 号），大力推进多层次资本市场建设，不断完善市场组织体系，持续扩大直接融资规模，积极防范辖区市场重大风险，试验区资本市场改革发展取得了积极成效。

一　政策扶持力度不断增强

积极推动自治区政府和有关部门优化资本市场发展环境。2014 年以来，自治区人民政府制定出台《广西金融业发展"十三五"规划》《关于进一步促进资本市场健康发展的实施意见》《关于金融支持县域经济发展的实施意见》《关于发挥多层次资本市场作用服务脱贫攻坚战略的通知》《关于服务实体经济防范金融风险深化金融改革的实施意见》《广西壮族自治区交易场所管理暂行办法》《广西壮族自治区人民政府办公厅关于促进区域性股权市场规范发展的实施意见》等系列政策文件，明确了广西资本市场发展的方向、目标和举措，启动实施全区企业（挂牌）培育、企业上市攻坚、上市公司质量提升"三大工程"，直接融资扶持力度不断加大，区域性股权市场稳步发展，地方交易场所发展秩序日益规范，政府投资引导基金市场化运营机制进一步完善，有效激发了民间资本活力。

二　多层次股权市场体系初步形成

积极争取民族地区上市挂牌扶持政策及西部绿色通道，推动自治区政府与各证券期货交易所建立全面战略合作协议，搭建交流对接平台。加强后备企业挖掘培育，组织开展各类培训，主动到上市后备企业调研督导，积极协调解决企业改制运行和申报上市存在的问题；开展公司债券、资产证券化业务培训，引导企业拓展直接融资渠道；认真贯彻落实《国务院关于规范发展区域性股权市场的通知》和《区域性股权市场监督管理试行办法》有关要求，引导区域性股权市场规范发展，成为全国首个完成区域性股权市场运营机构整合的省区。广西"主板—中小板—创业板—新三板—区域性股权市场"的多层次股权市场建设步伐加快，企业利用资本市场意识大幅提升。2014～2018 年末，广西沿边六市新增 A 股上市公司 5 家，占全区新增上市公司的 71.43%，实现创业板"零"的突破；新增新三板挂牌公司 46 家，占全区新增挂牌公司的 54.76%；试验区内上市公司股权融资 473.61 亿元，占全区的72.03%；企业通过公司债券、资产证券化等债券融资 714.71 亿元，占全区的 61.94%；新三板挂牌公司增发融资 28.48 亿元，占全区的68.38%。试验区内多家企业利用资本市场做大做强，北部湾港通过多次资产重组盘活了广西北部湾国际港务集团存量资产，实现了跨越式发展，成为"一带一路"重要节点企业；桂冠电力先后装入岩滩、龙滩水电站，公司发电装机容量、资产规模和盈利能力均实现大幅增长，成为中国水电领域有重要影响的企业；恒逸石化成功发行首单境内上市公司"一带一路"公司债券，助力公司在文莱的"一带一路"重点项目建设。截至 2018 年 12 月末，试验区有 A 股上市公司 20 家，占全区的54.05%，上市公司数量较 2013 年末增长了 33.33%；新三板挂牌公司42 家，区域性股权市场挂牌公司 2769 家。

三 证券期货基金机构服务实体经济能力不断增强

在"引金入桂"政策的引导下，广西沿边金融综合改革试验区合资证券公司筹建工作取得重要进展，外埠优质证券期货公司持续到广西新设分支机构，证券期货基金经营机构实现差异化发展，市场经营和服务体系更趋完善。着力推动证券机构创新业务盘活社会存量资金，拓宽个人境外证券投资渠道，通过合理设置期货交割库、客户资产管理、期现货结合、企业风险管理等增强地方优势产业及龙头企业抗风险能力，搭建期货市场与地方发展衔接平台。发挥私募股权基金、创业引导基金、产业引导基金作用，不断激发民间资本活力。2014～2018年末，试验区新增证券分公司21家、证券营业部46家、期货分公司3家，登记备案私募机构72家。截至2018年末，试验区内共有证券分公司28家，证券营业部94家，期货分公司3家，期货营业部23家，公募基金公司1家，管理基金规模288.23亿元；登记备案私募基金管理人73家，管理基金规模396.43亿元。

四 资本市场实现平稳运行

2014年以来，广西证监局坚守底线思维，积极防控全区资本市场风险，及时查处个别上市公司重大违规风险事件，协调化解个别上市公司债券回售兑付违约、退市和破产重整风险，妥善处置证券公司债券业务突发风险事件，推动化解上市公司股权质押风险，牢牢守住了不发生区域性金融风险的底线。

五 投资者保护和教育力度不断加大

引导上市公司强化投资者回报机制，持续鼓励现金分红。2014年以来辖区上市公司现金分红水平明显持续提升，投资者收益权得到有力保障。推动辖区上市公司全面开通网上投票渠道，鼓励中小投资者依法行使股东投票权。每年定期举办投资者集体接待日、投资者走进上市公司等活动，组织辖区上市公司主动回应市场和投资者关注的焦点问题。授牌设立了2家首批自治区级证券期货投资者教育基地，组织辖区市场主体通过多种形式开展投资者教育宣传活动。积极推动投资者教育纳入国民教育体系工作，联合教育主管部门推动有条件的中小学和高校试行开展金融知识普及教育。妥善处理各项信访投诉举报事项，积极回应投资者诉求。落实证券期货纠纷多元化解机制试点工作，推动建立中证投资者服务中心广西调解工作站。2014～2018年末，广西证监局累计接收处理各类投资者投诉事项共1504件，成功调解证券纠纷事项6起。

12

广西保险市场改革发展报告

五年来，广西保险业持续平稳健康发展，保险保障和服务经济社会能力不断增强。保费收入从 2014 年的 313.3 亿元增长到 2018 年的 629.2 亿元，年均增长 19%。2014~2018 年，广西保险业共为全社会提供各类财产和人身风险保障 150 万亿元，其中 2017 年提供风险保障 39.3 万亿元，是同期广西 GDP 的 19.3 倍。2014~2018 年，广西保险业累计赔付支出超 806 亿元，保险经济"减震器"和社会"稳定器"作用凸显。

一 保险市场体系建设不断完善

截至目前，全区法人保险机构 2 家；省级保险机构 40 家，比 2013 年增加 7 家；其中财产险公司 23 家，人身险公司 17 家，分别比 2013 年增加了 4 家、3 家。其中，北部湾财产保险股份有限公司于 2013 年初成立，公司开业至今，业务增长迅猛，成为同期新成立保险机构中发展最快的公司之一。国富人寿保险股份有限公司于 2018 年 6 月 5 日正式获批开业，广西正式实现产寿险双牌照，保险市场体系得到进一步完善。

二 保险市场又好又快发展

（一）跨境保险服务水平显著提升

跨境保险产品从无到有。2014 年以来，原广西保监局推动保险公司开展跨境机动车辆保险、跨境务工人员意外伤害保险、出境旅游保险等创新型保险，将境外医疗救援、境外旅行综合救助纳入保险服务范畴，不断提升跨境保险服务水平。选取跨境车辆保险和跨境劳务保险作为开展边境贸易出口业务和跨境人民币结算业务承保试点研究的重点对象，推动跨境保险业务取得了新突破。2016 年在崇左市启动跨境劳务人员人身意外保险试点，营造了良好跨境用工环境。2017 年在广西落地的机动车辆出境综合商业保险"第一单"填补了全国出境车险产品的空白。2018 年为桂林—越南下龙跨境自驾游路线提供跨境车险保障。2018 年保险与银行、海关部门创建"银关保"便利通关服务模式，同时正式启动关税保证保险改革试点，超 10 亿元货物实现免交保证金就可通关，大大缩短了企业通关时间。

跨境服务体系不断优化。一方面，推动服务网点下沉。目前沿边地区有全国首个跨境保险支公司 1 家，跨境保险服务中心及国家一类口岸保险服务网点 7 个，为客户提供"一站式"服务。另一方面，优化服务流程。简化承保流程并将其嵌入通关办证流程，使跨境车险出单效率压缩至 30 秒左右，有效提升通关时效。此外，将境外医疗救援、境外旅行综合救助纳入保险服务范畴，提升了出境游客的保险保障水平。

（二）险资入桂优化保险供给

完善保险资金投融资对接机制。原广西保监局与自治区金融办等相关政府部门多次联合举办保险资金运用专项对接活动，邀请保险资产管理公司、驻桂银行和多家融资主体参加并对广西重大项目进行考察，对接项目涵盖交通、物流、金融、能源、商业地产、健康养老和城镇化等多个领域。

搭建保险资金运用项目库。向全区征集并甄选出融资需求量大、成熟度高的项目，编成保险资金运用项目库，建立广西 PPP 项目库、广西"十三五"规划重大项目库等融资项目库，引导保险资金积极参与自治区重大基础设施项目投资。

创新保险资金投资形式。借鉴先进省份经验，引导保险资产管理公司以股权投资形式参与政府投资引导基金，拓宽保险资金投资途径，成功搭建保险资金与实体经济的对接平台，多举措推进保险资金通过资产支持计划、公用事业收益权证券化、优先股以及股债结合、夹层基金等创新方式，参与道路交通、市政设施、城市配电网等城市基础设施和医疗健康民生产业建设。多家保险集团、保险总公司与自治区政府签订战略合作协议，广泛参与广西交通、能源、环保、文化旅游和重大基础设施项目建设。其中，2017年平安保险集团与自治区签订战略合作协议，计划五年内在广西投资3000亿元，合众人寿南宁健康谷项目总投资28.7亿元，泰康保险集团在南宁投资高端养老社区前期工作已启动。2014～2018年，保险资金在广西新增投资规模超1300亿元，主要投向基础设施、不动产、企业股权债权、政府债券等与实体经济直接相关的产业和项目，着力支持重点项目建设和企业发展。

（三）出口信用保险支持力度成效显著

充分发挥出口信用保险这一政策性工具作用，提高渗透率，增加覆盖面，有力支持广西外向型经济发展。2016年出口信用保险提供外贸风险保障达20.6亿美元，对广西一般贸易的支持度达到48.4%，水平位居全国前列。2017年提供外贸风险保障达41.4亿美元，对广西出口企业覆盖率达61.7%。2018年，为广西小微企业出口和企业"走出去"提供风险保障53.4亿美元，同比增长28.9%，出口信用保险支持力度全国领先，有力支持了广西外贸发展。

（四）小额贷款保证保险取得突破性进展

小额贷款保证保险扩面增量，有效缓解了小微企业融资难问题。2014年5月，自治区人民政府出台《广西壮族自治区人民政府办公厅关于开展小额贷款保证保险试点工作的实施意见》（桂政办发〔2014〕46 号），明确了广西试点小额贷款保证保险的运作机制、风险控制机制、政策支持及保障措施等内容，成为广西小额贷款保证保险试点纲领性文件。2015 年推动自治区出台《关于开展小额贷款保证保险试点工作的实施意见》，在南宁、柳州、桂林、贺州、来宾、梧州、钦州等七个地市试点开展小额贷款保证保险；2016 年，联合自治区金融办、原广西银监局等部门，召开小额贷款保证保险专项会议，明确推动小额贷款保证保险试点实现全区各地市全覆盖。通过地市财政建立风险补偿机制的办法，实现政银保三方合作、风险共担。2014～2018 年，支持小微企业获得融资支持 5.51 亿元，融资成本显著低于融资担保公司等渠道。

（五）涉农保险实现跨越式发展

一是农业保险保障水平稳步提高。中央政策性农业保险实现增品、提标、扩面，覆盖水稻、甘蔗、森林、能繁母猪、育肥猪、奶牛等重要农作物及畜产品。2017 年地方特色农业保险覆盖香蕉、烟叶、大蚝、对虾等近 30 种特色优势农产品。2018 年新增加百香果、珍珠贝、竹鼠等品种，持续丰富农业保险产品体系。2014～2018 年，广西农业保险累计为超过 2000 余万户次农民提供了近 4400 亿元的风险保障，共承保水稻近 4200 万亩、甘蔗超 3100 万亩、林木超 6 亿亩、猪超 5000 万头，支付赔款超 28 亿元，农业保险保障能力大幅提升。在全国首创"保险＋期货"糖料蔗价格指数保险，成为全国大宗产品开展价格指数保险的蓝本。2018 年，糖料蔗价格指数保险累计承保"双高"糖料蔗基地 50.9 万亩，为广西蔗糖产业发展保驾护航。二是农房巨灾保险切实提供风险保障。由自治区财政出资，为全区 1051 万户农户提供住房风险保障，并在已有农房保险基础上为全区农房增加地震风险保障，将保障范围扩大到广西所有常见自然灾害，政策性农房保险连续 8 年列入自治区政府为民办实事工程,有力支持了灾后重建工作。

(六)积极开展双边及多边交流合作

通过承办中国—东盟保险合作与发展论坛、推动高层互访等形式积极探索双边及多边监管合作,不断加强与越南、泰国、缅甸、老挝、新加坡等东盟及"一带一路"沿线国家及地区保险监管部门的对话交流,并引导保险机构积极开展国际保险合作创新。2017 年,中国平安财产保险股份有限公司与越南保越保险总公司签署战略合作协议,承诺将共同为出入境客户提供更强有力的服务保障和支持。2018 年,中国人民财产保险有限公司与越南保越保险总公司签订全面战略合作协议,开展多领域合作。

三 保险市场风险防控机制不断健全

(一)出台系列管理文件

成立风险防控工作委员会,出台《广西保监局风险防控工作委员会工作规程》《关于加强广西保险业风险防控工作的通知》等一系列文件,建立风险发现、风险排查、风险处置和评估工作机制,定期组织召开例会对辖区内风险隐患进行排查会商,及时将风险隐患解决在苗头阶段,明确保险公司主体责任,在全行业构建起了责任明确的风险防控工作格局。

(二)保险知识普及和宣传教育力度不断加大

一是把握关键人群,积极推动保险教育进校园、进社区、进农村。与广西青少年发展基金会联合开展"保险在你身边"主题校园公益活动，举办讲座、开展知识测试、捐赠保险图书，在中小学、职业院校安全课上播放宣教片、将保险知识纳入安全教育教材，推动保险教育在校园深入开展；与自治区消保委开展老年消费者保险教育合作，向老年人发放 1000 余册保险宣教资料；与自治区金融办、中国人民银行南宁中心支行推进农村保险教育，编制通俗易懂、案例丰富、紧贴农民朋友日常生活的宣传手册，引导保险机构参与创建"三农金融服务室"，近距离向农民群众提供保险宣教服务。二是突出关键环节，建立保险消费教育行业协同机制。监管部门发布的消费风险提示由保险机构、行业协会在各自宣传平台全面转发，各保险机构、行业协会发布的消费提示可相互转发。2017 年行业就"双录"等热点问题发布原创提示近 30 期，点击量破 10 万。三是抓住关键节点，大力宣传行业服务成果。结合"3·15"消费者权益保护日、"5·15"全国打击防范经济犯罪宣传日、"7·8"保险公众宣传日等掀起宣传高潮，发动行业力量集中开展知识测试、消费体验等形式多样的宣教活动。2017年，组织"保监微课堂"知识竞赛共有 2.9 万人参与；组织人大代表、社会监督员代表开展主打高科技"零距离、全体验"保险消费体验活动，展示"互联网＋"、人工智能带来的"闪赔""闪付"等服务体验。2015～2018 年，开展宣传教育和消保近 3000 场次，其中，2018 年金融知识普及月期间累计开展活动 496 次、受众 142.72 万人次。四是采取多种宣传方式。利用微博、微信、移动客户端等新兴媒体，通过短信、微信、保险机构官方网站、客户服务电话、宣传册、悬挂横幅或电子屏等宣传方式，对保险机构管理和从业人员、公众进行防范非法集资、反洗钱、反保险欺诈法律知识宣导，与保险消费者和社会公众形成了良好互动。

（三）稳步推进广西保险业反洗钱工作

在全行业开展反洗钱内部检查或审计。保险公司以反洗钱组织架构为基础，明确相关部门和岗位人员反洗钱职责，形成以客户身份识别、客户身份资料和交易记录保存、大额和可疑交易报告等为核心的反洗钱工作机制。行业风险管控有效落实，没有发生洗钱重大风险案件。

四　跨境保险合作交流机制日趋完善

自 2015 年开始，中国—东盟保险合作与发展论坛已连续成功举办 4 届。4 年来，保险论坛"朋友圈"不断扩大，共有来自中国、东盟各国以及"一带一路"沿线国家和地区的保险监管部门、保险机构、保险行业协会及东盟保险理事会等各方代表近 400 人次参加了论坛，就"加强偿付能力监管交流·深化区域保险监管合作""开拓创新·探索中国与东盟保险监管合作新思路""互利共赢·'一带一路'中国与东盟保险合作新机遇""互动融合：推进区域保险监管合作服务'一带一路'建设"开展研讨。论坛已逐步发展成为深化中国与东盟国家、"一带一路"沿线国家及地区保险监管和业务合作的一项重要机制，为扩大中国第二代偿付能力监管体系的国际影响力，服务中国—东盟经贸发展、支持"一带一路"建设做出了积极贡献。

Ⅳ 典型案例

　　广西启动沿边金融综合改革试验区建设以来，各金融机构紧抓政策机遇，紧扣沿边金融综合改革方向，深化金融改革，创新金融业务，提升服务水平，辐射对接东盟，努力做好试验区建设的见证者、参与者，为广西地方经济社会发展提供了强有力的金融支持，得到地方党政领导的肯定和社会各界的认可。

13

跨境金融创新典型案例

一　国家开发银行创新跨境人民币贷款业务

（一）近五年国家开发银行经营情况

2014 年以来，国家开发银行广西分行深入贯彻落实党中央对金融工作的有关要求，紧紧围绕自治区"三大定位"使命和"两个建成"目标，充分发挥开发性金融在关键时期、重点领域、薄弱环节的重要作用，不断加大对广西经济社会发展的支持力度，经营形势良好。

2014～2018 年国家开发银行广西分行经营情况（见表 13 - 1）。

表 13 - 1　2014～2018 年国家开发银行广西分行经营情况

指　标	2014 年	2015 年	2016 年	2017 年	2018 年	年均增速（％）
表内资产总额（亿元）	2661.28	3284.16	3970.96	4111.00	3830.95	9.54
表内负债总额（亿元）	2617.12	3235.78	3908.20	4043.47	3772.58	9.57
拨备前利润（亿元）	55.70	63.57	70.12	65.42	60.24	1.98
期末存款余额（亿元）	426.83	630.89	886.07	824.73	508.37	4.47
表内人民币贷款余额（亿元）	1860.63	2213.59	2610.59	2860.59	2860.87	11.35
表内外币贷款余额（亿美元）	50.72	53.33	53.76	50.19	52.38	0.81
跨境融资总额（折合人民币,亿元）	48.03	43.21	62.07	63.92	109.18	22.79

数据来源：国家开发银行广西分行，广西壮族自治区地方金融监管局整理。

表内资产总额稳步增长。2014 年国家开发银行广西分行表内总资产 2661.28 亿元，年均增速 9.54％，资产总额稳步增长，截至 2018 年末，表内资产总额达 3830.95 亿元。2018 年末表内贷款余额 3220.35 亿元，其中，人民币贷款余额 2860.87 亿元，年均增速 11.35%（见图 13－1）；外币贷款余额 52.38 亿美元，年均增速 0.81%；2018 年该行累计和当期本息回收率均为 100%。2014～2018 年，国家开发银行广西分行累计实现社会融资总量超过 5000 亿元，支持广西重点领域重大项目建设，主要投向公路、棚户区改造、电力、公共基础设施和铁路等服务国家和地方发展战略行业，2018 年末上述行业贷款余额占比分别为 29%、21%、9%、9% 和 5%。

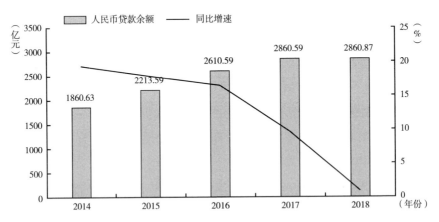

图 13－1　2014～2018 年国家开发银行广西分行表内人民币贷款余额情况

表内负债规模不断扩大。2014 年国家开发银行广西分行表内总负债为 2617.12 亿元，在年均增速 9.57% 下不断扩大，与资产增速相当；截至 2018 年末，表内负债总额 3772.58 亿元。存款方面，2014～2018 年国家开发银行广西分行期末存款余额年均增速 4.47%，总体呈上升趋势（见图 13－2）。

经营效益总体保持稳定。国家开发银行广西分行拨备前利润 2014 年为 55.70 亿元，在 1.98% 的年均增速下，2018 年为 60.24 亿元。2014～2018 年该行拨备后利润分别为 44.16 亿元、48.38 亿元、63.00 亿元、67.53 亿元和 58.38 亿元（见图 13－3）。

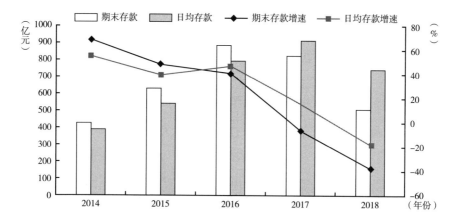

图 13 – 2　2014~2018 年国家开发银行广西分行存款情况

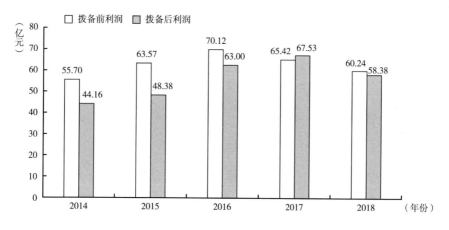

图 13 – 3　2014~2018 年国家开发银行广西分行利润情况

　　跨境融资持续快速增长。国家开发银行广西分行跨境融资主要是对越南、柬埔寨、斯里兰卡、马尔代夫四国客户发放贷款，2014~2018年对外发放贷款规模折合人民币分别为 48.03 亿元、43.21 亿元、62.07 亿元，63.92 亿元和 109.18 亿元，年均增速 22.79%。其中，2018 年融资量增长较大，达到 70.81%，主要是因为对斯里兰卡财政部发放 10 亿美元贷款（见图 13 –4）。

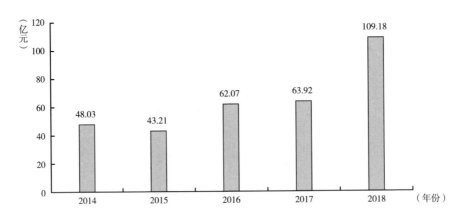

图13-4　2014～2018年国家开发银行广西分行跨境融资总额情况

跨境人民币业务结算量呈爆发式增长态势。五年来，得益于国家开发银行广西分行海外业务的扩张，除2016年度略有下降外，2014年度、2015年度、2017年度以及2018年度分行跨境人民币业务结算量增长迅猛。

人员数量总体保持增长。国家开发银行广西分行每年根据总行统一安排部署，面向国内外高等院校招聘应届毕业生；2018年末，该行员工总数206人，其中71%具备研究生及以上学历。

（二）创新跨境人民币贷款业务支持斯里兰卡科伦坡港口城建设

项目基本情况及其意义。斯里兰卡科伦坡港口城基础设施项目（一期）总投资11.5亿美元，位于斯里兰卡首都科伦坡南港以南近岸海域，与科伦坡现有的政治、经济核心区相连，主要是实施填海造地及区域内配套基础设施建设。项目包括区域内的水利工程和"七通一平"建设，具体有吹沙填海形成陆域，港口城外围的防波堤、拦沙堤、潜堤以及陆域形成的护岸；区域内的道路、绿地、给排水、供电、通信及其他管线等基础设施建设。

该项目是中斯合作建设"21世纪海上丝绸之路"重要中继点的重大项目，是国家"一带一路"建设的重要落脚点，对服务我国周边外交战略、打造海上丝绸之路重要节点具有战略意义。对企业而言，该项目是中资企业在斯最大投资项目，是实现在斯中资企业由承包建设向投资运营转型的标志性工程，将有力促进并提升中资企业"走出去"水平。对斯而言，该项目是其迄今最大的外国直接投资项目，是其重建"东方十字路口"、实现经济腾飞、填补迪拜和新加坡之间金融中心空白的重要载体。

跨境人民币贷款支持项目的情况。2014年9月习近平主席对斯里兰卡进行国事访问期间，与斯领导人共同见证了该项目《特许经营政府协议》和《贷款条件协议》的签署，出席奠基仪式并为项目开工剪彩。2017年5月"一带一路"国际合作高峰论坛期间，该项目实现贷款协议签署，并纳入论坛签约成果，2017年9月实现首笔贷款发放。项目总投资11.5亿美元，国家开发银行承诺贷款等值8.05亿美元。截至2018年末，国家开发银行向该项目中方建设单位中国港湾科伦坡港口城有限责任公司发放人民币贷款21.32亿元，外币贷款0.1亿美元（共折合约3.31亿美元），对支持中国企业"走出去"和人民币国际化发挥了积极作用。

图13-5　国家开发银行广西分行跨境人民币贷款支持的中斯合作建设
"21世纪海上丝绸之路"重大项目——斯里兰卡科伦坡
港口城项目

跨境人民币贷款支持项目的创新性。一是在融资方案的设计中，首次实现国家开发银行在斯里兰卡的项目融资中使用双币种（美元、人民币）贷款，首次实现在斯里兰卡的人民币贷款采用5年期国开债加点定价，将借款人希望贷款成本部分锁定人民币利率的需求与国开行实现资产负债期限匹配进行有机结合，在斯里兰卡助推了人民币国际化。二是担保方案和合同设计中，充分利用各种担保资源，构建了股东担保与项目资产收益抵质押有机结合的复合信用结构，并结合项目现金流特点设计账户监管、偿债准备和动态还款等机制，进一步防控了风险。

二　中国银行打造跨境现钞调运中心助力跨境货币兑换

（一）近五年中国银行经营情况

中国银行作为国内持续经营时间最长、国际化程度最高的商业银行，确立了以习近平新时代中国特色社会主义思想为指导，坚持科技引领、创新驱动、转型求实、变革图强，建设成为新时代全球一流银行的发展战略。作为中国银行扎根服务广西的一级分行，中国银行广西分行认真遵循中国银行战略导向，努力把中国银行的行情和广西区情结合起来，从结合点中寻找双方发展的共赢点，以国有大行的责任担当和全球化发展的专业优势，全力支持壮美广西建设。近五年，中国银行广西分行坚决贯彻落实国家金融工作部署和各项监管政策，着力稳增长、调结构、推变革、强队伍、防风险，全行经营管理取得明显进步，总体经营状况良好。

截至2018年末，中国银行广西分行资产总额达1868.07亿元，较2014年末增加372.09亿元，年均增速5.71%；负债总额达1832.94亿元，较2014年末增加361.18亿元，年均增速5.64%。创利水平大幅提

表 13 – 2　2014 ～ 2018 年中国银行广西分行经营情况表

指标	2014 年	2015 年	2016 年	2017 年	2018 年	年均增速（%）
资产总额(亿元)	1495.98	1504.51	1584.43	1709.81	1868.07	5.71
负债总额(亿元)	1471.76	1485.83	1563.92	1683.86	1832.94	5.64
净利润(亿元)	17.78	12.50	14.75	20.85	29.89	13.87
本外币存款余额(亿元)	1395.26	1468.31	1561.23	1707.84	1870.58	7.60
本外币贷款余额(亿元)	1078.74	1167.79	1231.96	1341.19	1489.40	8.40
跨境融资总额(折合人民币,亿元)	81	60.48	62.02	89.02	49.75	– 11.47
跨境人民币结算量(亿元)	549.10	572.37	487.90	138.81	151.45	– 27.53
边境贸易结算量(亿元)	379.65	400.42	290.09	4.34	5.92	– 64.66
国际结算量(亿美元)	166.14	159.40	135.16	97.48	97.59	– 12.45
结售汇量(亿美元)	63.98	57.68	47.99	58.23	52.69	– 4.74
营业网点数(个)	252	252	245	240	235	– 1.73
从业人员数(个)	5755	5709	5588	5537	5286	– 2.10

资料来源：中国银行广西分行。

升。截至 2018 年末，中国银行广西分行净利润为 29.89 亿元，较 2014 年增加 12.11 亿元，年均增速 13.87%。存贷款规模稳定增长。截至 2018 年末，中国银行广西分行本外币存款为 1870.58 亿元，较 2014 年末增加 475.32 亿元，年均增速为 7.60%；本外币贷款余额为 1489.40 亿元，较 2014 年末增加 410.66 亿元，年均增速为 8.40%。

　　近五年来，中国银行广西分行充分发挥中银集团遍布全球的网络优势，以服务广西实体经济作为践行"一带一路"倡议和中国银行发展战略的出发点和落脚点，大力支持广西进出口和边境贸易业务的发展，积极推动人民币在东盟地区的国际化进程。国际结算量及跨境人民币结算量保持市场领先，成为客户跨境业务的首选银行。2014 ～ 2018 年末，中国银行广西分行国际结算总量达 655.77 亿美元，累计办理跨境人民币结算量 1900 亿元。积极服务实体经济，结售汇业务稳健发展。中国银行广西分行结售汇兑换币种日益丰富，结售汇衍生产品日益完善，结售汇业务市场份额在广西地区始终居市场首位，是客户结售汇业务的首选银行。目前，中国银行广西分行结售汇报价货币已达 38 种，办理途径已覆盖柜台、网银、手机银行、自助终端等多个渠道，同时不断完善人民币汇率衍生产品，给客户提供了高效、便捷的兑换体验，帮助客户运用产品规避汇率风险，实现保值。

另外，中国银行坚持共性与个性相结合的原则，灵活有效地进行产品组合，积极推动产品创新，利用中国银行强大的海外分支机构及代理行优势，为跨境企业提供全面的跨境融资方案。通过加强海内外联动及同业联动，不断拓宽融资渠道，降低企业融资成本。

（二）打造跨境现钞调运中心助力跨境货币兑换

截至 2018 年末，中国银行广西分行累计调运超过 141 亿越南盾、4.05 亿泰铢，回流 800 万元人民币，结束了广西过去使用越南盾、泰铢现钞需要绕道广东和香港"舍近求远"的局面，打造了广西对东盟货币"门对门"调运模式，构建起了人民币"走得出、留得住、回得来"的流通渠道。

首笔越南盾现钞跨境调运。2017 年 8 月 30 日，中国银行广西分行和崇左市政府在凭祥友谊关举行"越南盾现钞跨境调运"启动仪式。自治区金融办、中国人民银行南宁中心支行、海关、边检等部门领导共同见证了广西首笔 35 亿越南盾现钞跨境调运工作的实施落地，标志着中国银行广西分行在践行支持广西沿边金融改革、提升跨境服务优势方面迈出了重要一步。2017 年 9 月 5 日中国银行广西分行成功实现 35 亿越南盾现钞出口至中银香港，为日后继续服务中银香港供应东盟货币现钞奠定了基础。

首笔人民币现钞跨境调运。2018 年 2 月 28 日，中国银行广西分行成功从越南调运 800 万元人民币现钞入境，这是广西办理首笔中越

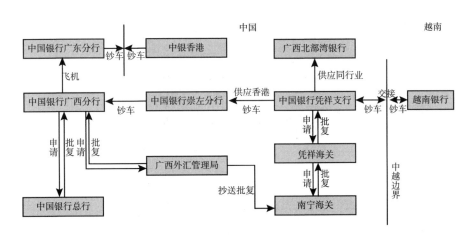

图 13 - 6　越南盾现钞跨境调运操作流程

**图 13 - 7　中国银行广西分行成功办理广西首笔越南盾
现钞跨境调运交易**

人民币现钞跨境调运业务，标志着广西边境人民币正式形成了"出得去、留得住、回得来"的闭环流动模式，在广西和越南之间建立起人民币现钞供应与回笼的渠道，进一步扩大了人民币在东盟市场的流通性、使用频率和认可度，有力提升了人民币在东盟区域的地位和国际声誉。

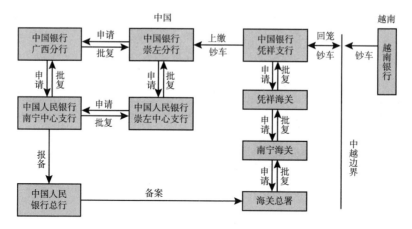

图 13 -8　人民币现钞跨境调运操作流程

首笔泰铢现钞跨境调运。在中国银行总行、中银香港的统筹协调和自治区外汇管理局、南宁海关、吴圩国际机场等多部门的鼎力支持下，2017 年 9 月 8 日，中国银行广西分行成功实现了广西首笔 7194 万元泰铢现钞跨境调运。

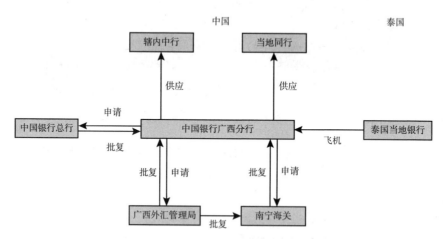

图 13 -9　泰铢现钞跨境调运操作流程

首笔越南盾现钞跨省跨境调运。2018 年 11 月 12 日，中国银行广西分行协同中国银行陕西省分行、陕西省咸阳市公安局，在凭祥完成了

85.75 亿越南盾结汇业务。11 月 15 日，中国银行广西分行成功将越南盾现钞借道中国银行广东省分行出口中银香港。

三 中国建设银行发展海外业务和国际业务助力企业"走出去"

（一）近五年中国建设银行经营情况

中国建设银行广西分行认真贯彻落实党中央、国务院关于"增强服务国家建设能力、防范金融风险能力、参与国际竞争能力"的要求，围绕"金融创新"这一沿边金融综合改革的首要和核心内容，积极参与试验区多项金融改革创新的先行先试，依托建行总行在南宁设立的中国—东盟跨境人民币业务中心，打造服务中国与东盟合作的专业平台。

中国建设银行广西分行率先开展跨境人民币贷款业务创新和跨境人民币双向资金池业务试点，是试验区办理跨境人民币融资资金回流业务最早、回流金额最多、单笔回流金额最大的银行；率先开展与第三方支付机构合作的跨境人民币结算业务，是试验区跨境人民币结算平台的首批清算行，人民币对越南盾、柬埔寨瑞尔银行间市场区域性交易的首批报价行；加强与越南、缅甸、马来西亚等东盟国家银行机构合作，大力推动东兴、凭祥边贸经济合作区建设以及面向东盟的金融市场业务发展；积极探索跨境融资新模式，参与组建广西首只人民币国际投贷基金，率先参与境外发债、跨境电商金融服务、面向东盟黄金国际板等新兴业务的探索，为试验区建设注入新的活力；发挥项目融资传统优势，大力支持广西基础设施建设、传统产业转型升级和实体经济发展；以境内外机构联动合作模式，积极落实"一带一路"倡议，大力支持广西企业"走出去"、与周边国家互联互通建设的信贷投放；积极践行普惠金融政策，不断创新小微金融、农村金融等金融服务模式，全方位、多层次满足民生领域的金融服务需求。截至 2018 年末，中国建设银行广西分行各项存款余额 3106.22 亿元，较 2014 年初增加了 1045.98 亿元，年均增速 10.16%；各项贷款余额 2668.53 亿元，较 2014 年初增加了 1181.84 亿元，年均增速 15.9%。2014~2018 年，中国建设银行广西分行累计完成国际结算量 315 亿美元，累计办理跨境人民币业务结算量 1175 亿元，累计办理各类跨境融资超过 260 亿元，其中通过跨境人民币贷款、内保内贷、跨境风参等各类组合产品创新，引入境外低成本资金 95 亿元，有力支持了广西实体经济发展和重大项目建设。

（二）发展海外业务和国际业务助力企业"走出去"

中国建设银行广西分行高度重视海外业务和国际业务，2016 年完成"三位一体"的海外及国际业务组织构架搭建，成立支持"走出去"专职团队、专家团队和任务型团队，有力保障了企业"走出去"金融服务水平。截至 2018 年末，中国建设银行广西分行累计为中信大锰非洲加蓬锰矿项目、广西农垦明阳生化越南木薯项目等"走出去"企业的海外项目提供内保外贷超过 18 亿元；累计为广西水电工程局、广西建工集团等广西骨干企业的海外承包工程开出境外保函超过 15 亿元。

对关丹钢铁项目投放银团贷款。马中关丹产业园 350 万吨钢铁基地项目是中国和马来西亚两国领导人倡导的马中关丹产业园首个入园项目，得到两国政府的高度重视，由中马两国元首见证签约，两国总理共同推动。该项目也成为广西国有骨干企业参与"一带一路"建设的重大项目。项目投资主体为广西北部湾国际港务集团控股的联合钢铁（大马）有限公司，项目总投资 14.75 亿美元，其中资本金 4.89 亿美元，银团贷款融资 6.64 亿美元和 20 亿元人民币。

采取的主要措施。一是组建团队，联动服务。马中关丹产业园 350 万吨钢铁基地项目总投资 14.75 亿美元，投资金额巨大，需要融资支持超过 60 亿元人民币。中国建设银行对项目建设的融资需求给予高度重

图 13-10 中国建设银行广西分行银团贷款支持项目——马中关丹产业园 350 万吨钢铁基地项目

视，为更好地提供全方位综合金融服务，组建了由中国建设银行总行、广西分行和海外分行参与的专业服务团队，紧密开展融资方案设计、项目评估及授信工作，提供公司业务、国际业务等多维度、全球化金融服务，满足企业美元、人民币双币种融资需求，对银团贷款主牵头行提供有力保障。二是尽职履责，提升效率。中国建设银行认真做好贷前调查工作，充分做好项目评估，做实尽职调查，与马来西亚领事馆建立联系机制，通过地方商务厅、社会科学院、海关、高校、区域内同类型企业等多种渠道收集信息，并远赴马来西亚实地考察投资企业及项目实施地区。同时，由于该项目银团组建时间要求较为紧张，对内部核准、授信审批的时效性提出巨大挑战，中国建设银行通过对重点项目建立会商机制，定期召开协调会议，与授信审批部门充分沟通，在项目评估、授信审批、政策准入上开辟快速通道，仅用 25 个工作日就完成整个项目的审批工作，成功打通业务办理的瓶颈。三是完善担保，加强管理。该项目是民营股东参股的境外投资项目，在国别风险、项目资金筹措、超概算和延期建成等方面存在不确定性。针对上述情况，中国建设银行统筹设计了多维度的担保方案，最大限度降低项目的不确定风险：由国有及民营股东分别按各自持股比例提供担保；项目建成后，以项目的土地及机器设备、厂房等固定资产作抵押担保；借款人为项目购买中国出口信用保险公司的海外投资险以及其他商业保险公司的商业险作为风险缓释措施，并由银团作为保险第一受益人。另外，通过母子公司联动，由中国建设银行新加坡分行、马来西亚子行承担贷后管理职责，弥补了境外项目贷后管理工作难以开展的不足，解决了项目风险管理的后顾之忧。

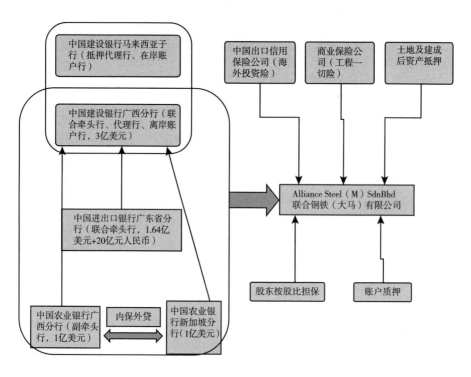

图 13－11　银团贷款交易结构流程

项目效益显著。一是中国建设银行采取"固定资产贷款＋内保外贷"的组合方式为企业提供融资，通过美元＋人民币双币种贷款，满足客户多币种用款需求，降低资金成本。二是项目建成后，不仅有利于拉动马来西亚钢铁行业快速发展，也有利于我国有实力、有优势的企业参与国际竞争，开拓发展空间，主动地在更广阔的市场进行产业结构调整和优化资源配置，提高企业在国际市场中的地位。三是该项目是中国—马来西亚两国重要国际产能合作项目，对于银团成员行开拓境外市场、提高海外知名度和提升社会形象具有积极促进作用。同时，成功牵头组建该项目银团贷款，进一步加深了银团成员行与客户在存款、贷款、中间业务及表外融资等领域的业务合作，为后续提供综合金融服务，持续开展业务合作打下了坚实基础。

四 广西北部湾银行大力开展跨境人民币结算业务

（一）国际结算业务发展良好

截至 2018 年末，广西北部湾银行国际结算量实现 19.4 亿美元，其中边贸业务结算量完成 3.9 亿美元，同比增长 64%。小币种（越南盾）同业交易累计完成 40.07 亿元，其中银行间区域交易完成 100 万元；小币种（柬埔寨瑞尔）同业交易累计完成 58.2 万元，其中银行间区域交易完成 48.2 万元。美元/泰铢完成同业交易 5 万美元。有效代理行 215家，覆盖 30 个国家和地区。

表 13-3 2014~2018 年广西北部湾银行跨境人民币结算量

指标	2014 年	2015 年	2016 年	2017 年	2018 年
结算量（亿元）	47.43	47.18	32.97	116.49	37.04
全区合计（亿元）	1561.18	1722.83	1709.69	1248.85	1203.00
该行占比（%）	3.04	2.74	1.93	9.33	3.08
全区排名（位）	6	6	6	6	7

资料来源：广西北部湾银行。

（二）跨境人民币结算量全区排名居前

基于市场需要，广西北部湾银行积极发展跨境人民币购售业务，并凭借总部优势得以市场占比居前。2014～2017年广西北部湾银行跨境人民币结算量由47.43亿元增加到116.49亿元，增长了1.46倍，连续四年全区排名第6位。2018年该行跨境人民币结算量大幅减少，但是全区排名仅下降一位排第7位（见表13－3）。

（三）跨境人民币购售量整体呈快速增长趋势

广西北部湾银行已成为跨境人民币CIPS系统间接参加行，通过中国银行、交通银行、浦发银行、招商银行等进行跨境人民币清算。2014～2018年广西北部湾银行跨境人民币购售量从0.90亿美元增加到3.56亿美元，年均增速41.03%。

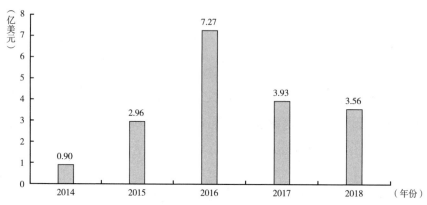

图13－12　2014～2018年广西北部湾银行跨境人民币购售量

五　光大银行为非授信客户开立跨境人民币信用证

（一）非授信客户有融资需求

光大银行广西分行客户N公司成立于2002年1月15日，注册资金

47460 万元，是广西农业产业化重点龙头企业，在全国制糖企业排名第三，是最大的国有制糖集团。N 公司通过另一家企业 Y 公司从境外进口原糖，并且一般采用人民币信用证方式结算。Y 公司成立于 2005 年 4 月 28 日，注册资金 3000 万元，是东北地区最大、全国排名前三的沿海精炼糖企业，同时拥有中央储备糖加工资质和国家储备糖承储资格，但 Y 公司不是光大银行客户，没有授信额度。

（二）为非授信客户开立跨境人民币信用证

鉴于 Y 公司与 N 公司合作已有多年，而 N 公司在光大银行已获得授信，因此光大银行为客户设计了代理通 + 跨境人民币信用证方案。2015 年光大银行成功用 N 公司授信以 Y 公司的名义为客户开立 1.37 亿元跨境人民币信用证。通过此业务不但满足了客户的融资需求，而且为光大银行带来了一定的存款沉淀及跨境结算业务量。

六　中国信保发挥政策性职能支持出口和"走出去"

中国信保广西分公司近五年来积极履行政策性职能，主动融入地方大局，不断加大服务广西开放型经济力度，2014～2018 年底累计支持广西出口和"走出去"163.9 亿美元，承保金额从 2014 年的 20.8 亿美元增长至 2018 年的 49.5 亿美元，增长了 1.38 倍。

（一）努力扩大出口信用保险覆盖面

中国信保广西分公司（以下简称广西信保）每年承担"广西中小出口企业海外信用风险保障政府支持计划"，近两年集中力量开展小微企业承保，对年出口金额在 300 万美元以下的小微出口企业进行统保，在每年 5 月底前完成小微企业承保工作。2018 年，中美贸易摩擦持续加剧，广西信保加大承保力度，落实承保优惠政策，提高全年支持出口目标 15% 左右，继续保持较高的限额满足率不变，加大对出口企业的支持力度。目前，广西每 100 家出口企业中就有约 60 家获得广西信保支持，有效支持了广西企业走向五大洲的 111 个国家和地区，基本实现东盟 10 国全覆盖。2014~2018 年，广西信保累计支持出口和"走出去"106.9 亿美元，保障规模从 2014 年初的 15.9 亿美元增长到 2018 年底的 25.8 亿美元，增长了 62.26%。

（二）加大对"走出去"企业的保障力度

近年来，国家大力推进"一带一路"建设，广西积极落实中央"三大定位"新使命，开展西部陆海新通道建设，中马"两国双园"以及中国—印度尼西亚产业园等海外园区建设相继建成落地，广西企业出去投资步伐不断加快。广西信保敢于担当，主动作为，迎难而上，通过出口信用保险为企业"走出去"保驾护航。一是 2016 年开始与自治区商务厅、财政厅、发改委等部门加强配合，共同搭建广西"'走出去'企业风险保障平台"，依托平台降低广西"走出去"企业在境外面临的政治商业风险。二是 2018 年与自治区发改委共同签署了《"一带一路"国际产能合作框架协议》，加强政策引导和信息共享，有力带动广西优势产能和装备"走出去"。三是加强与总公司部门及其他分支机构的合作，主动带着企业"走出去"，与商务厅共同开展"助力广西企业'走出去'"活动。四是坚持以客户为中心，持续提高服务重点企业的能力，及时把握企业的痛点难点，提供有针对性的信保支持；发挥专业优势，从项目开始就为企业提供包括资信服务、承保方案、融资支持等在内的一系列信保服务。2014 年以来，广西信保已累计支持北部湾国际港务集团马来西亚 350 万吨钢铁厂、上汽通用五菱印尼制造基地等大型"走出去"项目。海外项目保障规模由 2014 年的 2.3 亿美元增加至 2018 年的 22.7 亿美元，规模在全国信保系统排名前列，同时撬动了约 14.7 亿美元的海外重点园区融资。

（三）不断完善组织体系，加大工作力量投入

一是成立了印尼工作组。广西外经贸主要面向东南亚和中南半岛，广西信保努力配合总公司成立了印尼工作组，进一步加强对东南亚和中南半岛风险把控，更好支持保障企业到上述地区外经贸开展投资。二是成立广西分公司并代管海南省业务。2018 年 6 月，在自治区人民政府及自治区地方金融监管局、商务厅、财政厅、发改委、广西银保监局等部门长期关心支持下，中国信保在广西设立分公司，并与自治区人民政府签署《深化合作协议》，进一步加大在广西的工作力度。同时，中国信保总公司决定将海南省业务辖区划归广西信保代管，为广西对接海南自由贸易区建设拓宽了信保渠道。

七　中国人民财产保险积极探索跨境车辆保险为车辆畅行保驾护航

（一）近五年中国人民财产保险经营情况

表 13 - 4　2014 ~ 2018 年中国人民财产保险广西分公司经营情况

指　　标	2014 年	2015 年	2016 年	2017 年	2018 年	年均增速（%）
资产总额（亿元）	12.75	13.69	14.25	16.17	19.37	11.02
负债总额（亿元）	12.75	13.69	14.25	16.17	19.37	11.02
净利润（亿元）	0.04	2.38	3.14	3.24	0.70	104.53
保费收入（亿元）	48.24	53.18	56.97	69.73	80.51	13.66
营业网点数（个）	348	347	347	362	362	0.99
从业人员数（人）	3895	4102	4175	4127	4362	2.87

资料来源：2014 ~ 2018 年中国人民财产保险股份有限公司对外法定报表。

经营获得了长足发展。2014～2018 年，人保财险广西分公司实现总体保费规模由 48.24 亿元增长至 80.51 亿元，年均增长率 13.66%；资产总额与保费增长呈正相关，年均增长率 11.02%，实现逐年稳步增长。人保财险广西分公司为实现业务高质量发展，积极调整保费结构，降本增效，提升理赔服务质量。2016 年、2017 年，经营实现净利润均突破 3 亿元，相比 2014 年有了长足的发展。

营业网点和从业人员数稳步增长。2014～2018 年，人保财险广西分公司营业网点数和从业人员数分别增长了 4.02% 和 11.99%。随着业务发展，人保财险广西分公司已在广西境内的所有市/县都设有保险服务机构，在东兴、凭祥、水口和龙邦 4 个主要出入境口岸的县域设置保险服务网点，组建专业服务团队，积极为服务沿边金融改革工作提供配套保障产品和网络支持。另外，为适应"一带一路"跨境保险业务发展需要，2017 年，人保财险广西分公司设立国际业务部、信用保证保险事业部和普惠金融事业部，专门负责沿边涉外业务和保险融资工作。

（二）积极探索跨境车辆保险

跨境车辆保险业务的探索过程。一是拟订跨境车辆保险服务方案。2013 年 5 月，人保财险广西分公司积极向自治区人民政府运管局和交管局汇报，并主动联系和协调口岸当地凭祥市政府及相关部门，拟订跨境车辆保险服务方案。二是跨境保险业务试运行。2014 年 11 月，人保财险广西分公司在广西凭祥保税区跨境业务服务中心挂牌运营，开始试行短期短途跨境机动车保险业务。三是《出境车保险示范条款》的形成和发布。2016 年，中国保险行业协会和人保财险总公司应广西区政府和监管部门建议，组织工作组赴广西边境口岸对出入境车辆情况进行实地调研，经充分论证最终形成《出境车保险示范条款》，该条款适用于全国的行业性机动车出境示范条款；2017 年 4 月 19 日，中国保险行业协会正式发布《机动车出境综合商业保险示范条款》。四是机动车出境综合商业保险全国首发。2017 年 9 月 5 日，由中国人民财产保险广西分公司出具的机动车出境综合商业保险全国首单签发仪式在崇左凭祥市举行。

图 13 - 13　中国人民财产保险广西分公司签发机动车出境保险第一单

跨境车辆保险业务取得的成效。跨境车辆保险业务为广西机动车辆保险走出国门，助推边贸往来、自由贸易、自驾游等创造了便利条件，为支持国家"一带一路"建设和广西国际贸易繁荣提供更加全面的风

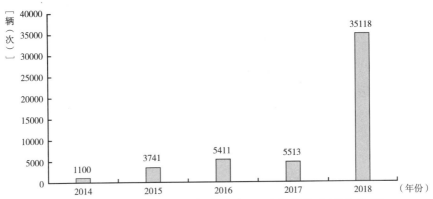

图 13 - 14　2014 ~ 2018 年中国人民财产保险广西分公司
跨境车辆保险承保数量

险保障。2014~2018年，人保财险广西分公司已承保出入境车辆50883辆（次），累计提供保险保障金额46.82亿元。

图13-15 中国人民财产保险广西分公司员工向入境货车司机介绍跨境保险业务

八 中国人寿探索跨境劳务人员意外伤害保险为中国—东盟劳务合作提供坚实保障

（一）近五年中国人寿经营情况

资产和负债稳步增长。2018年末，中国人寿广西分公司资产总额和负债总额分别为506.46亿元和623.26亿元，2014~2018年年均增速分别为12.27%和14.36%。

保费收入不断增多。2016年11月10日，中国人寿广西分公司保费收入首次突破100亿元大关，成为广西保险业首家保费收入超过100

表 13 - 5　2014 ～ 2018 年中国人寿广西分公司经营情况

指标	2014 年	2015 年	2016 年	2017 年	2018 年	年均增速（%）
资产总额（亿元）	318.78	356.46	416.35	459.87	506.46	12.27
负债总额（亿元）	364.37	417.10	496.53	558.23	623.26	14.36
保费收入（亿元）	77.72	94.11	108.39	127.54	132.75	14.32
营业网点数（个）	584	584	584	596	596	0.51
销售人员数（万人）	2.2	4.7	5.6	5.7	4.1	16.84

注：营业网点数包括省级分公司、支公司、电话销售中心。
资料来源：广西保险学会、中国人寿广西分公司。

亿元的保险公司。中国人寿广西分公司保费收入从 2014 年的 77.72 亿元增长到 2018 年的 132.75 亿元，年均增速 14.32%。

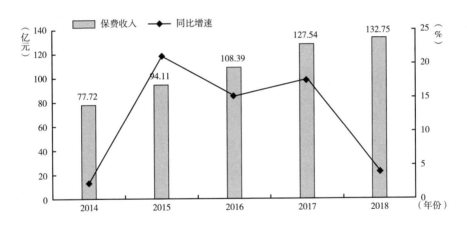

图 13 - 16　2014 ～ 2018 年中国人寿广西分公司保费收入与增长率

营业网点数相对稳定。中国人寿广西分公司营业网点数从 2014 年的 584 个发展到 2018 年的 596 个，年均增速仅为 0.51%。

销售人员数增幅较大。2014 ～ 2018 年销售人员数年均增速为 16.84%，虽然销售人员数自 2017 年后出现大幅下滑，但销售队伍产能有所提高，队伍提质效果显现，公司业务发展稳中有进。如 2018 年，保障型产品保费收入达到 5.1 亿元，同比增长 21.4%。

保险服务质量和服务社会经济能力不断提高。2018 年，中国人寿广西分公司大病保险管理项目与人数位居行业前列，中标全区计生家庭保险等一系列政保业务；积极创新经办业务，成功构建"一站式"即时结算服务平台，为贫困家庭提供便利。

（二）探索跨境劳务人员意外伤害保险

探索跨境劳务人员意外伤害保险的背景。当前，崇左市社会经济正处于快速发展期，崇左市边境地区用工需求成倍增长，而越南有人口红利优势，劳动力素质也比较高，市场潜力大。据统计，目前在凭祥市务工的越南边民务工人员超 7000 人，按每人最少 2000 元/月来测算，通过劳务输出产生的总劳务报酬每月超 1400 万元人民币。对于越南入境务工人员来说，提高了其收入水平，有效解决了越南人口众多、劳动力过剩和收入低的问题。但随着跨境务工人员入境人数逐年增加，劳工人员在境内产生的风险也逐年增加，中国人寿广西分公司针对这一实际情况，在全国首创了政府主导可在凭祥境外边民务工管理服务中心直接办理的跨境务工意外伤害保险。

跨境劳务人员意外伤害保险方案。跨境劳务人员意外伤害保险保障范围涵盖意外伤害、意外医疗、住院津贴和疾病住院等保险责任。通过用工企业为跨境劳务人员购买意外伤害保险的方式，为劳务人员在中国境内提供安全保障，使其获得了和自己国家相当的保险保障，确保了境外边民入境劳务的合法权益。

投保范围。身体健康、能正常工作、已办理《聘用境外边民用工证》或《外国人停留证》，并进入中国境内的跨境劳务人员，均可作为被保险人参加本保险。

保险责任。一是参保人员因意外事故死亡，由保险公司按照合同赔付 15 万元。二是参保人员因意外事故残疾的，依据伤残程度证明，根据等级一至十级，分别按合同约定的责任限额的 100%、90%、80%、70%、60%、50%、40%、30%、20%、10% 由保险公司负责赔付，最高赔付 15 万元。三是参保人员因意外事故在乡级以上（含乡级）公立医院，或保险公司认可的医疗机构诊疗的，最高赔付医疗费 2.5 万元。

保险费。按照劳务协议约定的务工时效确定，但保险期间不少于 1 个月，随着保险期限不同，保险费不同。

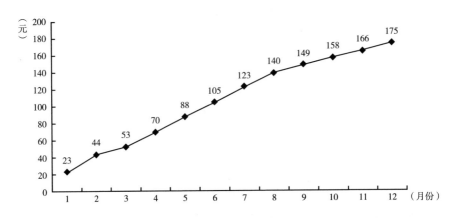

图 13 - 17　跨境劳务人员人身意外保险保险期间与保费关系

保险费出资。由劳务派遣公司先行垫付，最终由用人单位支付。

办理所需材料。目前中国人寿崇左分公司已经在凭祥境外边民务工管理服务中心设有服务窗口，在"跨境劳务保险办理窗口/跨境劳务商业保险公司"（中国人寿保险公司）窗口为跨境劳务人员提供"一站式"保险服务。办理时跨境劳务人员或劳务派遣公司提供包含姓名、性别、出生日期及出入境证件号码在内的证件即可办理，出单时效仅需 1 分钟。

理赔服务。中国人寿凭祥支公司为跨境劳务人员提供全方位的咨询、承保、理赔服务，公司服务地址及服务电话均对外公开。公司从业人员在保险售出时须确认跨境劳务人员对理赔服务的知情情况，以确保跨境劳务人员能够及时维护自己的权利。

2017年12月4日，跨境劳务人员发生首例理赔：越南籍黎某发生意外住院治疗，中国人寿崇左分公司总经理林军荣第一时间将10000元预付理赔款及1000元的慰问金送达客户，消除了黎某的后顾之忧。

跨境劳务人员意外伤害保险业务取得的成效。2015年以来，中国人寿崇左分公司积极探索和开展跨境劳务人员保险，取得了一定成效。2017年8月30日在凭祥境外边民务工管理服务中心实现了即时出单系统上线，出单时效仅1分钟。截至2018年12月31日，中国人寿崇左分公司承保跨境务工人员89653人次，保障规模1568927.5万元，保费收入233.0961万元。

九　中国平安财产保险积极开展跨境保险服务

随着"一带一路"建设的深入推进，国际道路运输、口岸贸易、跨境自驾游等需求进一步释放。2014年10月，平安产险在东兴成立全国首家跨境保险服务中心。2015年8月，东兴跨境保险服务中心金融街门店开业运营，车、财、意全产品销售与服务功能得到巩固，实现了在产品应用、承保操作、服务保障上的多项自主创新。

（一）主要做法

一是结合改革需求，积极开展实地调研、走访工作，了解沿边跨境人员、车辆、货物贸易、跨境劳务人员、旅游险等特点，制订保险对接方案。二是成立跨境保险服务中心，专项推动跨境保险业务开展，同时支持承保流程、单证简化操作，提升承保效率，扩大跨境保险产品影响力，起到了较大的市场示范引领作用。三是与越南合作伙伴总对总签署代理查勘协议，解决跨境保险客户境外查勘理赔问题，并持续深化服务保障内容，满足双方过境车辆高效保险服务需求。四是利用公司技术平台，运用线上投保、保全及自助理赔功能，提高承保理赔全环节服务时效，客户体验度逐年提升。

（二）配套措施

一是成立专项团队支持、维护跨境保险业务发展，设置专岗保持与跨国合作伙伴良好沟通。二是定期组织保险宣传，扩大跨境保险的影响力和覆盖层次。三是定期向承保客户提供承保及理赔分析，同时利用集团综合金融优势，为客户提供全金融领域一揽子解决方案。

（三）典型案例

2017 年 10 月，某公司一辆营运货车因临时过境购买了平安跨境第三者保险，车辆行驶至越南境内后与越南当地车辆碰撞，保险标的全责，驾驶员报案后，为了案件能及时有效沟通处理，平安公司邀请跨国合作伙伴代为查勘定损，最终三者车辆成功在越南修理厂修车，标的车也成功拿回理赔材料回中国理赔，理赔金额 22580 元。

14

沿边金融创新典型案例

一　中国农业发展银行支持边贸重镇
流通体系建设

（一）龙邦国际商贸物流中心项目简介

龙邦口岸位于靖西市，是当地往来中越的唯一通关口岸，人员、货物皆从此关通过。自 2002 年中国与东盟签署《全面经济合作框架协议》以来，龙邦口岸边贸重镇的战略地位明显上升，自治区、百色市和靖西市等各级政府高度重视口岸建设，以龙邦口岸为基地的广西万生隆国际商贸物流中心被自治区列入 2012 年全区层面统筹推进重大项目增补计划项目。

（二）农发行支持龙邦国际商贸物流中心项目情况

农发行广西分行积极服务地方战略，于 2015 年 5 月 4 日审批农村流通体系建设中长期贷款 8000 万元，支持物流中心核心区域的贸易功能区、水果口岸专用监管库、粮食口岸专用监管粮库等基础设施建设。

（三）项目效应

项目建成后，可直接提供企业就业岗位 120 个，附加公安、边检、商检、金融、邮政、运管、加油、汽车维修、社会运输以及摊租摊贩等间接就业岗位 500 多个，为当地建档立卡贫困户在家门口就业提供了可靠渠道。

二 中国农业银行创新边贸结算模式助力
互市贸易便利化

（一）近五年中国农业银行经营情况

表 14 - 1　2014 ~ 2018 年中国农业银行广西分行经营情况

指标	2014 年	2015 年	2016 年	2017 年	2018 年	年均增速（%）
资产总额(亿元)	3316.92	3440.58	3749.29	3987.57	4105.28	5.50
负债总额(亿元)	3255.82	3426.95	3722.65	3945.82	4047.81	5.62
本外币存款余额(亿元)	3184.98	3353.69	3653.42	3873.70	3971.00	5.69
本外币贷款余额(亿元)	1945.84	1983.45	2110.98	2349.62	2575.48	7.32
跨境融资总额(折合人民币,亿元)	85.83	72.74	71.36	55.89	34.97	- 19.06
跨境人民币结算量(亿元)	216.95	326.98	347.34	252.32	202.83	2.49
#边境贸易结算量(亿元)	168.97	245.43	322.18	178.20	178.02	7.93
国际结算量(万美元)	741231	887992	922554	753820	737921	0.82
结售汇量(万美元)	256070	349915	314770	261369	230442	- 0.55
营业网点数(个)	837	837	835	835	798	- 1.17

资料来源：农业银行广西区分行。

中国农业银行总行及广西分行两级党委高度重视沿边金融综合改革工作，积极把握改革机遇，以跨境金融为主线，以产业金融为着力点，以普惠金融为有力补充，以科技金融为突破口，扎实推进沿边金融综合改革方案有效落实，着力打造服务东盟专业平台，全力服务支持广西经贸发展，推进沿边金融综合改革取得较好成效，得到地方党政领导的肯定和社会各界的认可。荣获广西银行业"服务八桂综合贡献奖""服务八桂'三农'贡献奖""服务八桂'小微'贡献奖""2017 年度最佳跨境人民币结算银行"称号。在广西主流媒体主办的"2018年广西金融服务百姓口碑榜"中，荣获"服务三农优秀银行""百姓满意手机银行""卓越私人银行"三大奖项。

五年来，中国农业银行广西分行一直致力于抓好资产负债各项政策传导，统筹配置信贷资源，不断优化业务结构，着力推进实体贷款有效投放，积极支持广西经济发展，自身价值创造能力得到持续增强。截至2018年底，中国农业银行广西分行资产总额达4105.28亿元，比2014年增加了788.36亿元，年均增速5.50%；负债总额4047.81亿元，比2014年增加791.99亿元，年均增速5.62%；本外币存款余额3971亿元，比2014年增加786.02亿元，年均增速5.69%；本外币贷款余额2575.48亿，比2014年增加629.64亿元，年增速7.32%。其中沿边金融综合改革地区（南宁、百色、钦州、北海、防城港、崇左）各项存款余额1883.93亿元，比2014年末增加321.75亿元；各项贷款余额1398.56亿元，比2014年末增加352.37亿元。

五年来，中国农业银行广西分行以建设沿边金融综合改革试验区为契机，积极推进跨境金融产品和服务创新，助推沿边金融综合改革各项政策的有效落地。一是大力推动人民币与周边国家货币的银行间市场区域交易。设立中国农业银行中国—东盟跨境人民币业务中心和中国—东盟货币业务中心，打造服务东盟业务专业平台。首家独立编制"农银人民币兑东盟货币汇率指数""农银越南盾指数"；首家挂牌人民币兑东盟9国货币汇率，顺利实现对越南盾、柬埔寨瑞尔直接报价并成功开办业务。二是初步构建面向东盟的跨境人民币清算网络。目前已有超过10家东盟国家银行的20多家分支机构在中国农业银行广西分行开立了跨境人民币清算账户，初步构建了农业银行面向东盟的跨境人民币清算网络，为广大客户和东盟国家金融机构提供了优质的跨境支付服务。三是积极发展跨境人民币结算业务。中国农业银行广西分行跨境人民币业务已覆盖全区 14 个二级分行，并实现业务品种、结算方式全覆盖。同时，凭借在边境地区 20 多年的边贸结算经验，创新"边民互市结算"新模式。五年累计为区内进出口客户办理跨境人民币结算量超过 1346.42 亿元，跨境结算量 404.35 亿美元。四是加大境内外联动融资力度。积极参与"一带一路"、马中关丹产业园、中越跨境经济合作区等建设项目，大力拓展跨境贷款、出口信贷等新型贷款业务。成功与中国农业银行新加坡分行联合支持了广西"走出去"项目——广西北部湾国际港务集团马来西亚钢铁项目，并顺利实现马中关丹产业园项目提款，开创了境内外分行跨境融资合作新模式；成功与中国农业银行新加坡分行合作办理"跨境直贷"业务，创新"内保内贷"新模式，有效满足客户多元化金融需求。五是创新跨境现钞调运业务。2017 年 10 月，中国农业银行广西分行在东兴正式开办人民币—越南盾跨境现钞调运业务，实现了两国银行点对点双币现钞跨境双向调运，有力助推了广西"一带一路"建设及沿边金改工作。

图 14 - 1　中国农业银行成立的中国（东兴试验区）东盟货币业务中心

（二）创新"边民互市结算"模式助力互市贸易便利化

"边民互市结算"模式。广西作为我国与东南亚海陆相连的唯一省区，共有防城港、百色、崇左3个边境地级市的8个边境县（市、区）与越南的广宁、谅山、高平3个边境省接壤，边境贸易极其活跃，是广西进出口业务的重要组成部分。但边民互市贸易结算长期以来呈现"小、散、乱"的状态。为解决这一难题，在地方政府、海关、外管局等部门的指导下，中国农业银行广西分行创新推出"边民互市结算"新模式，即通过中国农业银行广西分行边贸互市通资金结算平台实现海关、结算中心、银行三方数据的实时共享交互，彻底解决了长期困扰边民和结算中心人工、纸质、低效的结算难题。

"边民互市结算"操作流程。第一，边民与互市结算中心签订委托协议，委托结算中心代理其办理跨境资金结算业务。第二，结算中心在中国农业银行广西分行开立待结算账户并签订代理主动收款合约，同时，结算中心通知边民在中国农业银行开立个人Ⅰ类账户并签订主动扣款合约。第三，边民通过互市开展货物贸易，并完成海关申报。第四，结算中心根据边民互市交易信息，通过银企直联系统发送单笔或批量发起收款指令，中国农业银行系统接收指令后实时处理。第五，结算中心发起跨境汇款指令，中国农业银行通过结算平台中海关推送的边民进口商品报送信息，核对结算中心提交的跨境汇款数据的真实性，并根据核对情况办理跨境汇款手续，将货款汇往境外。

"边民互市结算"模式取得的成效。中国农业银行广西分行创新"边民互市结算"模式为规范广西边民互市环境做出积极贡献，使边民互市结算符合外汇监管的政策导向，体现"真边民、真互市、真交易"的监管要求，是沿边金融综合改革探索与实践相结合的创新发展。海关、结算中心、银行三方数据的实时共享交互，免除了客户纸质交单的低效、烦琐手续，在结算中心提交付款指令后实时处理，商业银行办理

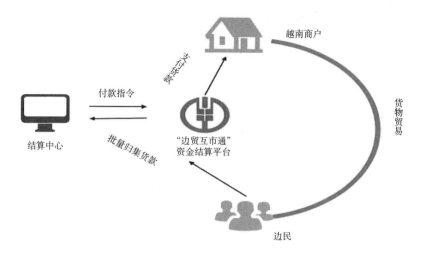

图 14 - 2 边民互市结算操作流程

资料来源：中国农业银行广西分行。

业务的操作时长由每笔近半个小时缩短至几分钟，结算效率大幅提升。交易资金封闭运行，实现资金流入流出渠道控制，且与海关数据实现直连，严格审核结算中心发起汇款业务的贸易背景真实性，确实履行"展业三原则"要求。创新结算中心模式以来，累计通过结算中心办理边贸互市结算量超百亿元。

三　广西农合机构创新服务边民边贸的"农信模式"和金融扶贫模式

（一）近五年广西农合机构经营情况

广西壮族自治区农村信用社联合社（以下简称区联社）于2005年9月28日正式成立，并受自治区人民政府委托，对全区县级农村合作金融机构（农信社、农合行、农商行）行使管理、指导、协调和服务的职能。2014年广西启动沿边金融综合改革试验区建设以来，区联社引领全区农合机构紧扣沿边金融综合改革方向，深化金融改革，创新金融业务，提升服务水平，辐射对接东盟，积极参与沿边金融综合改革试验区建设，为广西"三农"和地方经济社会发展提供了强有力的金融支撑。截至2018年末，区联社内设22个部室（中心）和8个办事处，全区共有91家县级农合机构，营业网点2341个，在岗员工24917人，是全区机构和员工数量最多、资产规模最大、资金实力最强、服务网络最广的金融机构。区联社连续5年位居广西企业100强前10名，连续3年位居广西服务业企业50强前5名。

表14－2　2014～2018年广西农合机构经营情况

指　　标	2014年	2015年	2016年	2017年	2018年	年均增速（％）
资产总额(亿元)	6154.49	7036.18	7174.98	7847.79	8355.91	7.94
负债总额(亿元)	5696.84	6507.25	6599.77	7224.37	7663.18	7.69
经营利润(亿元)	127.09	120.80	122.47	155.84	175.16	8.35
缴税总额(亿元)	27.20	29.50	29.30	32.30	33.30	5.19
人民币存款余额(亿元)	4506.03	5037.79	5654.33	6340.42	6890.07	11.20
人民币贷款余额(亿元)	3091.13	3559.83	4116.19	4676.07	5345.23	14.67
涉农贷款余额(亿元)	2540.68	2988.12	3451.27	3857.83	4073.09	12.52
小微企业贷款余额(亿元)	1741.72	2082.43	2349.21	2679.45	2807.00	12.67
跨境人民币结算量(亿元)	—	1.01	8.72	13.46	117.60	3.88
边境贸易结算量(亿元)	—	0.00	0.01	12.40	115.86	106.64
国际结算量(万美元)	—	0.00	102.60	1512.23	6063.82	6.69
结售汇量(万美元)	—	0.00	102.60	1463.88	6016.83	6.66
营业网点数(个)	2329	2353	2370	2380	2341	0.13
法人机构数(个)	94	95	95	95	95	0.26
从业人员数(个)	24870	24208	24614	24945	24917	0.05

注：表14－2中跨境人民币结算量年均增速区间为2015～2018年，边境贸易结算量、国际结算量和结售汇量年均增速区间均为2016～2018年；法人机构包括区联社、县级农合金融机构以及法人信用社；从业人员为全区农合金融机构正式在岗在编人员。

资料来源：广西壮族自治区农村信用社联合社。

业务经营稳中有进。2018年末，全区农合机构资产总额、负债总额、人民币存款余额、人民币贷款余额分别为8355.91亿元、7663.18亿元、6890.07亿元、5345.23亿元，分别是2014年末的1.36倍、1.35倍、1.53倍、1.73倍，年均增速分别为7.94%、7.69%、11.20%、14.67%。存贷款余额稳居全区银行业同业第1位。2014～2018年累计实现经营利润701.36亿元，缴税总额151.6亿元，对地方财政收入贡献度保持在区直企业第一位，成为支持地方经济发展的重要源泉。

支农普惠成效显著。广西农合机构积极创新金融产品和服务方式，加大支农支小服务力度。截至2018年末，广西农合机构涉农贷款和小微企业贷款余额分别为4073.09亿元、2807.00亿元，较2014年末分别增长60.31%、61.16%，年均增速分别为12.52%和12.67%。2018年末，沿边地区36家农合机构各项贷款余额、涉农贷款余额、小微企业贷款余额、农户贷款余额、贫困户贷款余额分别达1986.85亿元、1476.57亿元、1004.47亿元、652.04亿元、79.93亿元。田阳、田东、武鸣、东兴4个老区或沿边地区试点农合机构的农村土地承包经营权抵押贷款余额为3.17亿元，田阳农合机构的农民住房财产权抵押贷款余额为1.26亿元。广西农合机构大力推行"农金村办"服务模式，积极推行信贷员包村服务和农村金融联络员制度，已创建"三农金融服务室"2760个，农村金融辅导员2767名。沿边地区已布设自助设备3161台，"桂盛通"机具15571台，网上银行用户、手机银行用户、电话银行签约用户分别达26.52万户、187.26万户、50.37万户，便民服务点5080个，打通了普惠金融服务"最后一公里"。

国际业务创新发展。2015年，南宁市区联社成为广西60多年来首家成功"破冰"试水跨境人民币结算业务的农合机构。目前，全区共有11家农合机构获得外汇业务开办资格，边境地区农合机构分别与越南军队银行、越南工商银行、越南投资发展银行和越南西贡商信银行签署合作协议，为进一步推动边境贸易结算业务奠定了基础。广西农合机构在支持沿边地区经济发展和推动沿边地区金融创新方面，也进行了一定的尝试，边民贷、边贸通、边民子账户等"组合拳"的应用，解决了边民参与边民互市的"第一桶金"，结算资金的封闭运营，有效防范了风险。自2015年首次开办业务到2018年末，全区农合机构累计办理外汇结算7678.65万美元，结售汇量7583.31万美元；跨境人民币结算量140.79亿元，其中，边境贸易结算量128.27亿元，边境贸易跨境人民币业务成为农合机构主要特色业务之一。

产权改革稳步推进。广西农合机构抓住沿边金融综合改革试点机遇，积极探索推进管理体制改革。同时，集中力量打好沿边地区农合机构改制攻坚战，2015年东兴市辖区信用社以存续分立方式，实现了从"基层信用社"到"农村信用联社"再到"农村商业银行"的三级连跳。截至2015年末，沿边一类口岸那坡、靖西、凭祥、宁明、龙州、大新、东兴7家机构已组建县级农商行，崇左成为全区第一个农商行全覆盖的地级市。2016年以来重点督促指导以沿边地区农合机构为主的9家农合机构达标组建县级农商行，广西沿边地区农商行达标组建家数占比达到了自治区政府提出的60%以上的目标。截至2018年末，县级农商行、农合行改制家数达到50家（已完成组建33家农商行、16家农合行、1家获批开业待挂牌），占比54.95%。积极引入民间资本优化股权结构。截至2018年末，全区县级农合机构股本金总额210.53亿元，其中，法人股78.31亿元，占股本金总额的37.20%。沿边地区36家县级农合机构股本金总额累计达77.65亿元，比2014年末增加15.35亿元；法人股占比由2014年末的28.85%提高至2018年末的33.79%。通过优化股权为完善公司治理奠定了良好基础，带动了经营机制的有效转换。

（二）创新服务边民和边境贸易的"农信模式"和金融扶贫模式

创新服务边民和边境贸易的"农信模式"。区联社针对沿边地区业务特点，创新打造了服务边民和边境贸易的"边民贷款封闭循环互市结算模式＋借记卡＋边民子账户"的"农信模式"，这一模式能够完善"放款—代扣边民进口货款—跨境支付—代发边民销货收入—还本付息"的业务结算流程，实现互市贸易资金的封闭运营，有效防范洗钱和恐怖融资风险，拓宽边民支付选择，还能最大限度保障资金安全，做到"真边民、真交易、真结算、真实惠"。

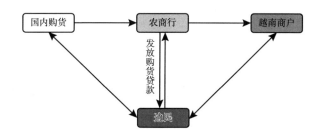

图14-3 创新服务边民和边境贸易的"农信模式"流程

创新服务边民和边境贸易的"农信模式"的主要做法。一是坚持需求导向。从沿边地区边境贸易交易的市场特点以及客户的个性化需求出发，推出相应的边民结算产品和服务模式。构建边贸前置系统，与扶贫贷款、边民贷款相配合，创新边民贷款封闭循环互市结算模式，完善"放款—代扣边民进口货款—跨境支付—代发边民销货收入—还本付息"的业务结算流程，尽可能满足符合条件的边民参与互市贸易。同时，使用边民子账户结算，拓宽了结算支付渠道，为边民提供了更多支付选择，保障资金安全。

二是推出配套政策。给予边民每人2.4万元至4万元的可循环边民贷授信额度，利率优惠至基准，每日利息支出不足1元；在贷款资金未发放前，使用信用卡作为辅助，为边民提供短期资金融通，设置免息期，给予边民最大的实惠。

三是完善内控制度。有针对性地制定业务管理办法和操作规程，强化内控管理。下发了边贸结算业务管理办法和操作规程，制定了多项业务指导意见；建立了边贸前置系统和边贸信息服务系统，并制定了系统操作手册；明确了岗位人员设置，经办、复核、授权各司其职，相互制约，操作岗和管理岗权责分明、分级审批。

四是加强沟通合作。各个环节加强与当地政府、海关、各口岸和各结算中心的通力合作，推进跨境贸易交易的快捷、便利、安全办理。

开展服务边民和边境贸易的"农信模式"取得的成效。"农信模式"自2018年上线以来，已在宁明、龙州、凭祥、靖西等地的7个对越口岸投入使用，累计服务边民4071人，提供信贷资金支持9971万元，帮助每个边民每月新增互市贸易货物买卖收益600～1500元；同时，通过降低贷款利率，每月为每个边民减少交易资金成本65～200元。"农信模式"依法合规的业务流程和"增收减支"的利民效应，有效帮扶了边民脱贫致富，也激发了外出人员返"边"务工热情，促使边境口岸配套设施不断完善，对外地客商吸引力显著增强，真正落实了习近平总书记视察广西时提出的固边富民要求，做足"边"的文章。

"银行＋政府＋贫困户"的金融精准扶贫模式。区联社针对贫困户发展资金不足、还款能力较弱、承债能力较低的特点，主动担当、积极履行社会责任，经过沟通协调，推出"银行＋政府＋贫困户"的金融精准扶贫模式。这一模式主要是由农合机构向建档立卡贫困户发放扶贫小额贷款，为贫困户发家致富提供资金支持，由政府对贫困户贷款进行利息补贴，并对贷款损失按比例对银行进行补偿，既为贫困户在不增加财务负担的情况下提供了发展资金支持，又保障了农合机构商业发展可持续性，同时发挥了政府在脱贫攻坚战中的主导作用。

"银行+政府+贫困户"的金融精准扶贫模式主要做法。一是设立专职管理部门。主要负责与自治区扶贫办、财政厅、金融办、人民银行南宁中支、原广西银监局等部门进行汇报、沟通、协调，并对县级农合机构的金融精准扶贫工作进行指导、督促，有效推进金融精准扶贫工作。二是创新金融精准扶贫联结机制。派人长驻政府部门上班，2016年至今，区联社共派出4位同志长驻自治区扶贫办、财政厅上班，及时掌握金融扶贫政策变动情况和扶贫资金分配情况。三是加强考核。将建档立卡贫困户贷款获得率或贷款增长率纳入年度综合考评，将实现贫困地区农合机构各项贷款增速不低于全区各项贷款平均增速、贫困户贷款增速不低于全区农户贷款平均增速"两个不低于"工作目标纳入考评扣分项，引导各县级农合机构加大对建档立卡贫困户的支持力度，提高贫困户贷款获得率。四是完善配套政策。下发了贫困户评级授信管理办法、扶贫小额信贷工作有关事项、加强扶贫小额信贷档案管理和开展扶贫小额信贷风险排查等通知，转发了自治区扶贫办、原广西银监局等部门关于金融扶贫政策的文件；加大金融精准扶贫人力、物力投入，针对贫困户信息量大、分布面广且散的特点，区联社指导农合机构增加信贷人员、柜台人员、办公设备，同时对信贷业务系统进行扩容；完善数据统计，为解决扶贫小额信贷手工统计工作量大、存在误差、统计耗时长等问题，充分利用信贷系统功能，对扶贫小额信贷数据进行自动化统计，为金融扶贫提供数据保证。

"银行+政府+贫困户"的金融精准扶贫模式的成效。2016年4月28日至2018年末，广西36家沿边农合机构通过农合机构基准利率放贷、贫困户使用贷款用于发展生产或通过合作或委托经营、财政全额贴息以及按一定比例承担风险损失的方式，累计向18.3万户建档立卡贫困户发放5万元以下、3年以内扶贫小额信贷77.4亿元，分别占全区农合机构扶贫小额信贷累放户数和余额的37.6%和35.2%，贫困户扶

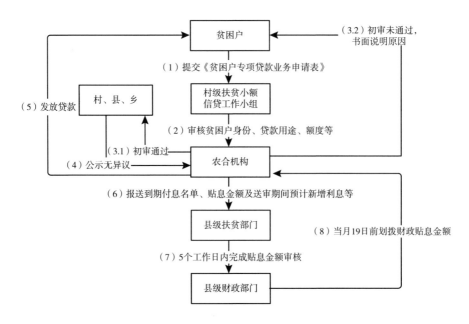

图 14 - 4　"银行 + 政府 + 贫困户"扶贫小额贷款业务工作流程

贫小额信贷获得率 44.63%，累计带动 13.65 万户脱贫。截至 2018 年末，扶贫小额信贷不良贷款率 0.06%。

四　桂林银行创新信贷产品为沿边企业发展注入新动力

（一）近五年桂林银行经营情况

表 14 - 3　2014～2018 年桂林银行经营情况

指标	2014 年	2015 年	2016 年	2017 年	2018 年	年均增速（%）
资产总额（亿元）	1134.85	1436.36	1947.16	2272.08	2672.88	23.88
负债总额（亿元）	1067.68	1352.24	1840.37	2124.25	2492.73	23.61
净利润（亿元）	10.23	7.68	10.70	13.43	15.49	10.93

指标	2014 年	2015 年	2016 年	2017 年	2018 年	年均增速（%）
各项存款（亿元）	747.12	875.31	1131.05	1521.03	1858.68	25.59
各项贷款（亿元）	313.31	457.30	768.31	965.01	1395.09	45.26
跨境人民币结算量（亿元）	3.03	3.28	22.30	151.03	161.68	170.27
边境贸易结算量（亿元）	0.00	0.00	10.87	131.81	151.39	273.19
国际结算量（亿美元）	3.47	1.61	4.81	32.11	40.28	84.58
结售汇量（亿美元）	0.74	1.29	3.90	12.46	11.04	96.53
营业网点数（个）	100	149	194	236	273	28.54
从业人员数（个）	2338	2636	2794	3210	3559	11.08

注：表中边境贸易结算量的年均增速区间为 2016～2018 年。

资料来源：桂林银行。

"规模、质量、速度、效益"协调发展。近年来，桂林银行以"走出去"发展为推动，以"好山水　好银行"为愿景，坚持走特色化和差异化的发展之路，着力打造"社区金融""旅游金融""沿边金融"等特色品牌，连续多年实现了"规模、质量、速度、效益"并重的转型协调发展。截至 2018 年末，桂林银行及其控股村镇银行资产合计 2672.88 亿元，为广西资产规模最大的地方法人金融机构；各项存款 1858.68 亿元，年均增速 25.59%；各项贷款 1395.09 亿元，年均增速 45.26%；净利润 15.49亿元，年均增长 10.93%，上缴各项税金 13.52 亿元。桂林银行资产质量持续向好，不良贷款率低于全国和广西同业平均水平。

国际业务持续快速增长。桂林银行通过对内不断加强机制建设和产品创新，对外持续推进跨国渠道搭建，各项业务指标实现持续快速增长。2018 年桂林银行国际结算量累计 40.28 亿美元，年均增速84.58%；跨境人民币结算量近五年以高达 170.27% 的年均增速飞跃发展；桂林银行边境贸易结算业务开展较晚，但业务增长迅速，2016 年仅有 10.87 亿元，但年均增速达 273.19%，2018 年边境贸易结算量为151.39 亿元。

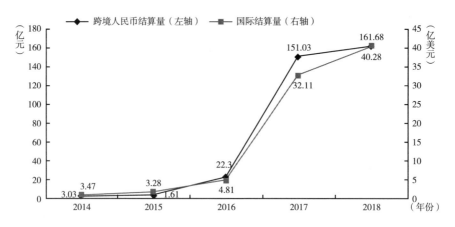

图 14 - 5 2014～2018 年桂林银行跨境结算量走势

网点覆盖面不断扩大，从业人员数较快增长。桂林银行作为一个面向和服务广西的地方法人金融机构，近年来持续推进机构网点覆盖工作。截至 2018 年末，桂林银行已在广西设立 92 家分支机构和 187 家社区支行（含 56 家小微支行），在广西和广东深圳控股设立 7 家村镇银行。五年来，桂林银行营业网点数和从业人员数年均增速分别为28.54% 和 11.08%，已基本实现覆盖广西主要地市机构。

（二）"惠边贷"为沿边企业发展注入新动力

"惠边贷"简介。为缓解沿边企业资金周转困难，满足企业业务拓展及"走出去"发展需求，桂林银行针对边境地区落地加工企业轻资本、流转快的特点，设计出符合企业生产需要的"惠边贷"。"惠边贷"改变了单纯依赖抵押物控制风险的传统方式，着重考量贸易背景真实性，并通过产业链控制客户资金流向；坚持风险可控与真实贸易背景，将融资和贸易有机结合。桂林银行创新推出的"惠边贷"抵押率高，更贴合沿边企业融资需求。

主要做法。桂林银行通过组织专业业务团队赴东兴互市贸易区进行深入考察，按照链式金融思维，根据企业的生产特点和资金运作实际需求，围绕落地加工企业提供金融支持，有效链接上游供应互市商品的边民、下游采购方等不同环节；同时强化监控货物流、资金流和单证流，结合贸易与融资带动边境市场全流程高效、健康运转，构建起市场风险可控、边民收入稳步提升、企业融资成本逐渐降低的良性边贸金融生态圈。"惠边贷"改变了银行单一掌握抵押物控制贷款风险、忽视企业生产周转资金特征、贷后对企业资金流动真实性掌控不够重视的做法，强化以产业链条把控客户资金流向，重点关注贸易背景真实性，实现在降低企业抵押物门槛的同时，全方位满足企业贷款资金需求的目标。

"惠边贷"业务取得的成效。"惠边贷"更多地关注贸易背景真实性和资金回笼周期，强调对物流和资金流的有效管理，降低抵押担保的门槛和要求，使抵押率最高达 100%，有效缓解了中小企业"融资难、融资贵"的问题。截至 2018 年 12 月末，桂林银行"惠边贷"余额 81 笔，共计 1.5 亿元，深受东兴互市商品落地加工企业以及边民的普遍欢迎，充分体现了桂林银行在融合边民自主就业、脱贫与企业创收的同时践行普惠金融，助力沿边金融综合改革试验区形成金融与兴边富边相互促进、扶贫与稳边固边共同深化的新格局。

受益案例。成立于 2015 年的广西诚杨食品有限公司业务发展迅速，2015 年营业收入仅 800 多万元，2016 年营业收入规模扩大到约 4000 万元。2017 年，该公司订单需求继续增大且具有较强生产能力，但受困于流动资金不足，难以进一步扩大业务，且向银行申请贷款又受到抵押率的限制。在桂林银行"惠边贷"产品的支持下，作为东兴市第一批边贸互市落地加工企业的广西诚杨食品有限公司累计获得贷款资金 75 笔，金额 8514 万元，为其建立自身营销渠道及扩大市场份额打下了坚实的基础。该公司扩大生产后，营业收入持续大幅增长，2017 年、2018 年营业收入分别为 9238 万元和 1.35 亿元；2016～2018 年广西诚杨食品有限公司营业收入年均增速 83.71%。

15

融资服务创新典型案例

一 交通银行助推广西首家城投企业实现海外发债

（一）近五年交通银行经营情况

表 15 – 1　2014 ~ 2018 年交通银行广西分行经营情况

指标	2014 年	2015 年	2016 年	2017 年	2018 年	年均增速（％）
资产总额(亿元)	857.42	889.77	933.45	1002.07	1013.98	4.28
负债总额(亿元)	830.45	877.89	917.20	985.65	993.01	4.57
净利润(亿元)	26.97	11.88	16.25	16.42	20.71	-6.39
本外币存款余额(亿元)	795.63	825.79	882.29	916.71	965.95	4.97
本外币贷款余额(亿元)	670.77	676.89	681.43	730.61	766.91	3.41
跨境融资总额（折合人民币,亿元）	39.30	45.25	36.54	23.76	28.48	-7.74
跨境人民币结算量(亿元)	31.96	55.84	21.29	38.36	24.52	-6.41
国际结算量(亿美元)	42.78	60.02	38.40	47.43	61.91	9.68
结售汇量(亿美元)	20.28	34.31	29.32	27.98	20.67	0.48
营业网点数(个)	79	85	86	81	79	0.00
从业人员数(个)	2121	2114	2093	2024	2025	-1.15

资料来源：交通银行广西分行。

资产规模不断扩大。2014 年末交通银行广西分行资产总额 857.42 亿元，2018 年末资产总额 1013.98 亿元，年均增速 4.28%。各项贷款稳步增长，2014 ~ 2018 年年均增速 3.41%，2018 年末本外币贷款余额

766.91 亿元。

负债增长压力较大。2014～2018 年年均增速 4.57％，2018 年末负债总额 993.01 亿元，同比仅增长 0.75％。交通银行广西分行本外币存款余额 2014～2018 年年均增速 4.97％，2018 年末为 965.95 亿元，同比增长 5.4％，各项存款稳中有进。

国际结算量快速增长。在外部经济形势复杂多变、国内经济转型的背景下，交通银行广西分行国际结算量快速增长。2018 年交通银行广西分行国际结算量累计 61.91 亿美元，较上年增长 30.5％，2014～2018 年年均增速 9.68％。

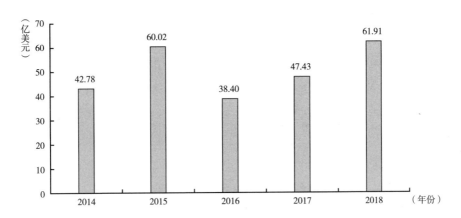

图 15-1　2014～2018 年交通银行广西分行国际结算量

营业网点及从业人员数较稳定。2014～2018 年，交通银行广西分行营业网点数由 2014 年的 79 个最高增长至 86 个，2018 年又回落至 79 个；从业人员数较为稳定，2014～2018 年年均增速为 -1.15％。

（二）助推广西交通投资集团实现海外发债

交通银行积极探索构建涵盖本外币、服务国际和国内贸易、能同时满足供应链核心企业和外围中小企业金融需求的产品体系。积极把握创新政策机遇，加强与东盟国家的跨境投融资合作，开展人民币跨境双向贷款、境外发行人民币债券等跨境融资，提升人民币国际影响力，深化双边金融合作，推动贸易投资便利化。

2016年，交通银行广西分行在交通银行香港分行的紧密配合下，为广西交通投资集团（以下简称交投集团）制订个性化赴港发债方案。通过激烈的招投标竞争，交通银行香港分行成功竞标为本次发债项目的承销商之一，交投集团也因此成为区内第一家在海外发债的城投企业，发债总金额达3亿美元。

交通银行香港分行作为债券发行的联席主承销商和账簿管理人，依托境内外联动资源优势，为企业提供了从债券发行方案设计到存续期内资金管理等一站式服务，包括：项目准备阶段各中介机构的推荐委任，评级工作顾问，尽职调查，法律文件的准备，协助路演午餐会，并在发行前联络雄厚的投资者等。帮助交投集团在定价日当天收到了超过27亿美元订单，认购倍数高达9倍，债券最终价格较初始价格指引大幅下压27.5个基点，成为当时城投企业直接境外发行债券当中超额认购倍数最高的项目。

二　华夏银行新兴业务支持国际陆海贸易新通道建设

在经济转型升级和经济金融降杠杆的背景下，华夏银行南宁分行立足"轻资产"和"轻资本"的转型发展思路，寻求业务创新和突破，依托融资租赁、城镇化基金、企业ABS等金融市场产品，通过总分联动，借助金融科技手段，扩大了业务辐射范围，为服务国际陆海贸易新通道建设提供了多样化的投融资渠道。

（一）融资租赁业务服务实体经济发展

金融是实体经济的血脉，华夏银行南宁分行多渠道与融资租赁公司合作，满足客户融资需求，提升融资服务能力。从 2017 年初开始，华夏银行南宁分行联合哈银金融租赁有限公司、华夏金融租赁有限公司、浦银金融租赁有限公司三家金融租赁公司，累计对广西北部湾投资集团有限公司（以下简称北投集团）及其子公司提供了 22 亿元融资租赁款项。

图 15 - 2　华夏银行南宁分行融资租赁款项支持的防城至东兴高速公路工程

华夏银行南宁分行融资租赁款项的投放，支持了防城至东兴高速公路工程、南北高速公路改扩建工程、南宁港牛湾作业区等项目建设，搭建了北部湾合作大通道，为西部陆海新通道建设注入了强大动力。北投集团的西江黄金水道重要枢纽南宁港建设，前港后市产业模式的牛湾物流园项目已正式开工，项目完成后预计年吞吐量超 300 万吨。南宁港的建设，作为西部陆海新通道重大基础设施及枢纽节点，推进了南宁港多式联运中心和南宁国际空港物流中心项目，将经广西的跨境运输货源与南宁空港物流资源进行有效衔接，构建了多式联运体系。防城至东兴高速公路、南北高速公路改扩建，利用自身综合交通节点优势，参与打造中越跨境公路运输国际贸易物流路线。

（二）以城镇化发展基金助力百色老区基础设施建设

2017年9月，华夏银行南宁分行与百色市人民政府联合设立百色开投扶贫发展基金，以私募基金形式支持百色地区基础设施建设，基金总规模14.58亿元，华夏银行南宁分行投资11.66亿元认购该基金优先级份额，广西百色开发投资集团有限公司投资2.92亿元认购该基金劣后级份额，基金存续期8年。该基金为全国首个政策性金融扶贫实验示范区百色市的城镇化建设提供资金支持，不断完善的基础设施网络给当地百姓生产带来新变化和新面貌，促进百色市脱贫攻坚战取得新进展、新成效。同时，围绕国家"一带一路"建设实施的百色城市基础设施建设，促进了革命老区更好地适应经济和社会的快速发展，推进百色市工业化、城镇化、市场化、国际化发展进程，充分发挥百色作为国家公路运输枢纽城市、中国—东盟自由贸易区双向开发前沿和大西南出海通道的优势，以城镇化发展基金加大投资，促进百色经济飞速发展。

（三）投资企业ABS盘活企业存量资产提升企业活力

华夏银行南宁分行一直致力于为辖区内企业盘活存量资产，提升企业活力。2018年，华夏银行南宁分行开展企业资产支持证券投资业务13.44亿元。其中，投资国开证券——广西租赁资产支持专项计划6.6亿元，属华夏银行系统内首笔租赁债权ABS业务；投资前海桂金2018年度第一期资产支持专项计划6.84亿元，是广西区内首笔支持医疗大健康资产支持计划。企业资产支持证券投资业务是华夏银行南宁分行在强监管、业务格局发生根本变革的情况下实现创新业务的突破，为支持广西融资租赁、健康产业不断升级改造，促进企业优化自身资产结构，提升在公开市场的影响力起到了积极的作用。从投资ABS优先级规模和绝对占比来看，体现了华夏银行南宁分行同业投资ABS在辖区内的绝对竞争优势；同时，作为广西重点企业打造的标准化产品融资新模式，为广西金融同业业务发展起到了良好的示范效应。

三　广西金融投资集团成功叙做高级
无抵押美元债券

（一）近五年广西金融投资集团经营情况

表15 – 2　2014～2018年广西金融投资集团经营情况

指标	2014 年	2015 年	2016 年	2017 年	2018 年	年均增速（％）
资产总额（亿元）	335. 21	513. 18	635. 11	739. 41	797. 15	24. 18
负债总额（亿元）	202. 62	346. 37	464. 49	553. 29	560. 98	28. 99
净利润（亿元）	7. 49	9. 22	4. 43	5. 47	5. 33	－ 8. 15
营业网点数（个）	130	136	138	139	136	1. 13
从业人员数（个）	2458	3113	3417	3861	5237	20. 82

资料来源：广西金融投资集团有限公司财务报表以及快报。

国内省属金融控股集团的品牌标杆。广西金融投资集团有限公司（以下简称金投集团）始终坚持"为中小微企业和工业企业提供综合金融服务的地方特色现代金融服务控股集团"的发展定位，专注发展与传统银行业金融机构相配套的"拾遗补缺"综合金融服务业务，立足于八大金融服务创新平台，主动抢抓《云南省　广西壮族自治区建设沿边金融综合改革试验区总体方案》（以下简称《总体方案》）的重大政策机遇，积极组建和发展新的金融机构，不断完善广西金融体系，创新融资模式，加大"引钱入桂"力度，有力推动广西沿边金融综合改革向前发展。金投集团也逐步发展成为整体实力位居自治区国企"第一梯队"行列、主体信用评级 AAA、企业绩效评级和各项经营指标位居全国同业前列的具有地方特色现代金融服务控股集团，打造了国内省属金融控股集团的品牌标杆。

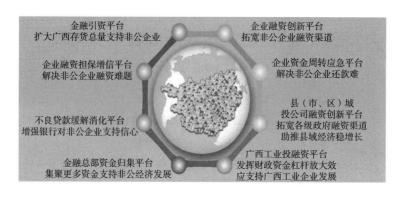

图 15 – 3　广西金投集团打造八大金融服务创新平台

全国资产保值增值和发展速度最快的省级金控集团。截至 2018 年末，金投集团形成有收入的经营资产（投资＋担保贷款＋小额贷款＋互联网贷款＋金融租赁融资＋其他生息资产）880.51 亿元，账面资产总额 797.15 亿元，年均增速 24.18%；账面负债总额 560.98 亿元，年均增速 28.99%；累计实现经营利润和提取损失准备金 112.35 亿元，综合实力稳居广西国有企业"第一梯队"行列。

从业人员数快速增加。经过十年多时间的创业创新发展，截至 2018 年末，金投集团拥有员工 5237 人，较 2014 年末增加了 2779 人，年均增速 20.82%。营业网点数小幅增加。2018 年末营业网点数 136 个，较 2014 年仅增加了 6 个；但综合金融服务网点遍布广西广东。

金融服务控股面较广。金投集团下辖北部湾财产保险公司、北部湾金融租赁公司、广西工业投资发展公司、广西金控资产管理公司、广西盐业公司、北部湾股权基金以及信用担保、再担保、小额贷款、互联网金融、创业投资、金融大数据、普惠商务咨询等超 20 家直属公司，参股 1 家证券公司和 4 家农信社（农商行）、9 家村镇银行等金融机构。

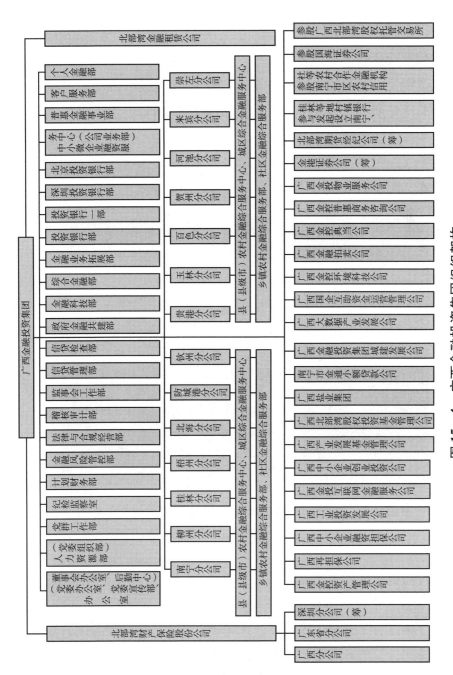

图 15-4 广西金融投资集团组织架构

（二）成功叙做高级无抵押美元债券

成功发行高级无抵押美元债券。在自治区党委、政府的正确领导及自治区国资委、发改委、金融办等相关部门的指导帮助下，广西单笔规模最大的境外债券（自治区重大金融招商引资项目，也是市场上同类债券中实现认购规模最大的境外债券）成功落地。该项目由金投集团作为发行人，经多方协力推进，成功在香港发行三年期5亿美元高级无抵押债券，并于2018年1月15日在香港联交所正式上市。

图15－5　广西金融投资集团在香港发行三年期5亿美元高级无抵押债券

发行高级无抵押美元债券的主要过程。一是认真筹备并报国资委。2016年7月，金投集团开始筹备境外发债5亿美元项目并报自治区国资委。立项以后，金投集团通过业务和收入结构进行转型升级，规范企业经营管理，保持具有竞争力的财务报表数据。在向主管部门申报发债指标的同时，金投集团广泛接触多家国内外最有经验的协调辅导机构，经过多轮艰苦谈判磋商，最终选定了包括光银国际在内的承销团队。此外，金投集团还与工商银行广西分行、建设银行广西分行等合作银行进行了大量卓有成效的前期准备工作，为本次发债成功打下了坚实的基础。2017 年 3 月，在时任自治区副主席黄伟京的领导协调下，经由自治区发改委上报国家发改委，同年 10 月获得国家发改委同意备案。二是进行发债路演。2018 年 1 月 9 日至 12 日，由自治区国资委率队组成境外发债团队赴中国香港、新加坡进行发债路演，向意向投资者进行推介。三是投资者认购。在中国香港路演时有超过 40 家境外投资者参与，在新加坡路演时有超过 20 家境外投资者参与。此次债券发行获得了投资者的踊跃认购，由全球协调人牵头的承销团短时间内便获得了基石订单，仅一个小时就实现了订单覆盖全部发行规模，至当日下午簿记时更是达到了超 3 倍的认购规模。最终定价比初始指导价大幅收窄 30 个基点，一次性完成了 5 亿美元额度的全额发行。据了解，目前全国已有 20 余家非投资级城投平台发行了美元债，但像此次金投集团一次性完成 5 亿美元额度全额发行的尚属首次。

四　国海证券专业金融服务促进产业转型升级

（一）近五年国海证券经营情况

2014 年以来，国海证券抢抓市场机遇，狠抓增收创利，主动深化改革，力推转型升级，推动公司稳步发展，公司综合实力迈上新的历史台阶。一是经营业绩创历史新高。2014～2018 年末，该公司累计实现合并营业收入 161.23 亿元，合并利润总额 55.50 亿元，超过 2001 年增资扩股以来历年的总和。二是资本实力迈上新台阶。截至 2018 年末，该公司合并总资产 631.67 亿元，较 2013 年末增长 3.3 倍；净资产 140.42 亿元，增长 1.2 倍，净资本 159.3 亿元，增长 1.7 倍。三是全国

表15－3　2014～2018年国海证券经营情况

指标	2014年	2015年	2016年	2017年	2018年	年均增速（％）
资产总额（亿元）	264.2	525.2	679.61	660.09	631.67	24.35
负债总额（亿元）	192.58	387.01	536.28	517.93	491.25	26.38
净利润（亿元）	6.9	17.93	10.16	3.76	0.73	－42.97
营业网点数（个）	69	85	111	129	129	16.93
从业人员数（人）	2227	2261	2535	2505	2551	3.45

资料来源：国海证券股份有限公司。

化、综合化布局显著深化。截至2018年末，该公司拥有3家子公司、16家分公司、129家营业部，分支机构较2013年末增加80家，覆盖国内20个省级区域；从业人员数量年均增速3.45％。5年来，相继获得港股通、期权结算、客户资金消费支付、互联网证券业务试点、银行间债券市场尝试做市服务业务等8项新业务资格，综合金融布局显著深化。

（二）专业金融服务促进产业转型升级

近年来，国海证券大力拓展股权融资服务推动区内企业去杠杆和提升证券化率，综合运用多种债务融资工具满足区内重点领域资金需求，通过并购重组、产业基金等专业服务促进区内产业加快转型升级。国海证券多年来通过多层次资本市场融资工具为区内融资超过640亿元，尤其是2015年以来加大对区内企业直接融资服务力度，融资规模超过380亿元。如为北部湾旅游、莱茵生物、两面针、春茂股份等多家企业提供IPO、再融资、股权质押等融资和新三板挂牌服务，为20余家区内大型企业提供公司债、企业债和项目收益债等多元化债务融资服务。围绕区内产业战略，设立广西国海玉柴基金、南宁糖业产业并购基金、广西旅游产业基金等各类专业股权基金规模超过150亿元。

航洋城 2016 年信托受益权资产支持专项计划。专项计划立项的主要目的是通过将广西东方航洋实业集团有限公司（以下简称航洋集团）旗下航洋城购物中心资产证券化降低航洋集团的融资成本，同时也为该公司开拓广西区内类似购物中心资产证券化项目开启先河。专项计划为深圳证券交易所、广西区域及公司首单购物中心 ABS，获评 2017 中国资产证券化论坛年会（企业类）年度新锐奖，也是唯一一只购物中心类 ABS 在年度评选中获奖。

专项计划的具体情况。专项计划由国海证券作为专项计划管理人设立并独家担任主承销商，以大业信托有限责任公司（代表"大业信托·航洋物业信托投资单一资金信托"）为原始权益人，航洋集团和广西南宁海派物业服务有限公司（以下简称海派物业）作为资产服务机构，中国民生银行股份有限公司南宁分行作为托管人和监管银行，联合信用评级有限公司作为评级机构，上海融孚律师事务所作为律师事务所，致同会计师事务所（特殊普通合伙）作为会计师事务所。

专项计划架构主要如下：专项计划发行规模 24.9 亿元（其中优先级 22.4 亿元，劣后级 2.5 亿元），期限 10 年，分为优先级资产支持证券和次级资产支持证券两种资产支持证券，优先级资产支持证券分为 10 档，第 1 档为自计划成立之日起 1 年，第 2 档为自计划成立之日起 2 年，依次类推，最长期限为 10 年。次级资产支持证券设一档，期限不短于优先级证券最长一档的期限。第 3 年和第 6 年有回购/回售权的设置且有利率上调权的安排。专项计划的增信措施包括设置优先级/次级资产支持证券、航洋实业集团差额补足承诺、实际控制人陈航为优先级资产支持证券本息的兑付提供连带责任担保、设置加速清偿事件、现金流超额覆盖和回购/回售准备金账户设置，同时引入了抵押担保、应收账款质押担保和保证金以及保证金补足条款进一步增信。

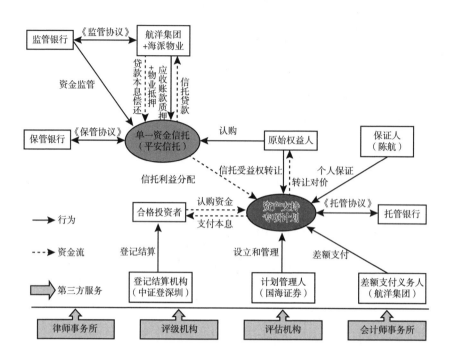

图 15－6　航洋城信托受益权资产支持专项计划架构

专项计划成效。一是较好解决了客户资金运用问题。专项计划通过金融创新优化资本结构，降低客户资金成本的同时增加资金流动性，实现资产快速周转，得到行业及客户认可。二是专项计划成功发行为同业开展创新业务积累了经验。购物中心类资产支持专项计划处于行业摸索阶段，同行业类似案例较少，商业综合体资产证券化目前是资本市场的热点，专项计划成功发行为同业开展类似业务提供了可参考借鉴的操作经验。如发行期间同行业类似专项计划包括中航红星爱琴海商业物业信托受益权资产支持专项计划、东证资管——青浦吾悦广场资产支持专项计划和深圳益田假日广场资产支持专项计划，均吸引了国内主流银行、险资、券商等众多机构投资者的关注及参与，获得较高市场认可。三是专项计划为国海证券带来可观收益。专项计划承销费共计 1874 万元，其中，2016 年度为公司产生承销费收入 1000 万元，2017 年度为公司产生承销费收入 874 万元。专项计划管理人的管理费由专项计划资产承担，自专项计划设立起每满三个月支付一次。2017 年度合计为公司产生管理费收入 490.89 万元，2018 年为公司产生管理费收入 471.73 万元，预计 2019 年为公司产生管理费收入 449.96 万元。根据专项计划 10 年存续期管理费现金流计算，若不发生回购或提前赎回事件，项目还将产生管理费收入合计 2869.22 万元，专项计划预计可为公司产生收入 5234.11 万元。

柳州市城市投资建设发展有限公司 2017 年度债权融资计划（以下简称柳州城投债权融资计划）。柳州城投作为柳州市最主要的城市基础设施建设投融资企业，是柳州市第三大政府平台公司，每年融资需求量较大，由于不满足交易所"单50%"标准，无法发行公司债，且企业债耗时较长，加上信托、融资租赁等非标融资成本较高，发行人融资渠道相对受限。考虑到发行人的实际融资需求以及各类债券品种审核情况，公司为发行人设计了债权融资计划融资方案，以较高的效率完成了柳州城投 2017 年度债权融资计划的申报工作，在同行业处于领先地位，起到了示范作用。柳州城投 2017 年度债权融资计划为广西区内第 1 单债权融资计划项目，同时也是广西区内挂牌额度最大的债权融资计划项目。债权融资计划备案金额为 20 亿元，其中 10 亿元用于偿还银行借款，10 亿元用于补充流动资金。

柳州城投债权融资计划的主要做法。一是高效完成债权融资计划申报。经联合资信评估有限公司综合评定，发行人主体信用等级为 AA＋，债权融资计划主承销商为国海证券与北部湾银行，项目组申报前就募集资金用途、发行人风险点等细节与北京金融资产交易所（以下简称北金所）进行持续沟通，极大缩短了审核时间，以较高效率完成申报工作。该债权融资计划于 2017 年 5 月 19 日申报北金所，备案规模 20 亿元，项目组前期与北金所保持顺畅沟通，北金所不到一周时间完成了审批流程。为取得北金所的大力支持，项目组详细研究了债权融资计划的相关政策，就相关反馈问题提供了详细的说明与介绍资料，该债权融资计划从北金所受理到获批，审核周期仅一周时间，创造了同期项目审核最快速度。另外，项目组材料准备齐全，论证依据充分，申报 20 亿元额度全部获批，得到了北金所的大力支持。二是项目组以低成本帮助发行人完成融资。项目组根据国家最新政策及市场利率走势，从 2017 年 8 月开始，指导发行人合理把握发行时机，在无担保情况下完成 5 期共计 17.5 亿元的发行工作，平均利率为 7%，相较发行人其他融资渠道成本低 10～20 个 BP。

债权融资计划成效。一是债权融资计划给国海证券带来可观收入。柳州城投 2017 年度债权融资计划的主承销商为广西北部湾银行股份有限公司和国海证券股份有限公司，备案总金额为 20 亿元，截至 2017 年末，已实现挂牌 17.5 亿元，其中北部湾银行认购 5 亿元。截至 2017 年末，该债权融资计划共产生的收入为 1575 万元，为公司带来的收入为 990 万元（税前）。该项目承销费计算公式为：

主承销费 = 当期债权融资计划挂牌面值总额 × 挂牌年限（3 年）× 年承销费率（0.9%）。

主承销费在北部湾银行与国海证券之间的分配比例为 20%∶80%，如果北部湾银行有资金参与认购该次柳州城投某期债权融资计划，在北部湾银行资金参与认购部分，承销费在北部湾银行与国海证券之间的分配比例为 80%∶20%。

二是债权融资计划得到发行人高度认可。在各类债券审核速度较慢的背景下，项目组以高效率和低成本帮助发行人完成融资，有效地缓解了发行人的融资压力，拓宽了融资渠道，促进了柳州市城市建设与发展，得到发行人较高的评价。此外，该债权融资计划创造了广西区内第 1 单债权融资计划、成功挂牌额度最大的债权融资计划等多项纪录，得到了发行人的高度认可。

三是债权融资计划的发行成功开拓了国海证券新的业务增长点。

在债券承销业务牌照受到影响的情况下，国海证券积极把控其他业务机会，与北部湾银行通力合作，债权融资计划的发行成功使国海证券成为最早一批北金所债权融资计划承销商会员，极大地提高了国海证券的客户形象，恢复了客户对国海证券的信任，把业务受限的影响降到最低，开拓了新的业务增长点。如以该债权融资计划为契机，项目组帮助桂林银行、柳州银行、南粤银行完成第一笔债权融资计划资金投放，为后续国海证券公司与资金方的合作奠定了良好的基础。在全国范围内承销了广西铁投、广西金投、钦州开投、钦州临海、金坛国发、安徽国厚、百色百矿等多单债权融资计划，总计申报规模 200 多亿元。

五　南宁市桂融汇民间融资登记服务中心试点成效显著

2015 年，南宁市首家也是广西首家民间融资登记服务机构——南宁市桂融汇民间融资登记服务中心（以下简称中心）正式开业。中心试点以来成效显著，在缓解小微企业融资难、融资贵问题的同时，也为民间大量闲散资金开拓了投资新渠道。

（一）开展民间借贷登记备案对民间信贷业务起到规范作用

中心开展民间借贷登记备案，为借贷双方行为进行行政监管提供了平台。通过相关备案手续的履行，有效地对民间融资行为的合法性及风险性进行把控，避免借贷活动双方法律纠纷及借贷风险的发生，可以有效保障借贷双方的合法权益。同时通过对民间借贷登记备案信息的采集、整理、归集所积累的数据进行统计分析和信用分析，在便利监管部门动态监测的同时，还有助于信用大数据的累积，为民间征信体系建设提供基础条件支持。随着民间借贷信息备案登记业务的大力推广，其在社会上的认知度和影响力在不断提升，正逐渐对民间信贷业务起到规范作用。另外，中心开发建立了属于自己的 IT 系统。为开展民间借贷信息备案登记，数据的登记归集、分析提供了安全、快捷的通道，为建立民间信用数据库提供了技术支持和保障。

（二）成立金融仲裁业务推广中心，便于有效、快速解决民间借贷纠纷

在三年的民间借贷信息备案登记业务推广中，中心与南宁仲裁委员会认为：民间借贷信息备案登记业务和仲裁业务的有机结合是推动民间借贷行业健康发展和快速解决民间信贷纠纷的重要途径。在南宁市金融工作办公室的指导和支持下，南宁市金融工作办公室与南宁仲裁委员会于 2018 年 8 月 1 日共同在中心授牌成立"金融仲裁业务推广中心"。中心结合自身的业务与金融仲裁业务推广中心实行一套人马两块牌子的工作模式，工作分工明确，职责分明。为金融借贷合同当事人提供仲裁法律咨询，宣传推广仲裁法律制度及南宁仲裁委员会仲裁规则；引导当事人选择仲裁方式并通过南宁仲裁委员会解决相应的金融借贷纠纷，维护当事人的合法权益；为南宁仲裁委员会运用"绿色通道"处理金融类仲裁案件提供协作；根据金融仲裁当事人的需要，协助南宁仲裁委员会在中心设立的仲裁庭、调解室开展其他相关的仲裁服务性工作。

（三）建立健全风险控制体系，经营稳定、风险可控

中心恪守地方金融企业的社会责任，通过严格的风险控制体系建设，坚决杜绝任何风险隐患的存在和发生。一是坚持规范运作。通过提供明确各方权利义务的投融资《四方合同》，严格按照服务流程办理投融资事项，借助第三方专业机构形成风险把控的配套服务体系。二是严格筛选、审查融资项目方。核查融资方还款来源和风险覆盖能力，筛选

拟融资企业信用、发展前景业务开展情况和上下游关系产业链以及担保机构资质等，确保参与者真实且符合平台的上标要求。三是积极做好风险防控。对每个借款项目进行贷前、贷中、贷后三个环节的风险管理，为可能存在的风险进行早预防、合理判断、引导和化解。四是采用第三方资金监管。目前与柳州银行、广发银行合作，在开展投融资撮合对接业务时，将投资方的资金直接转入银行监管账户内，独立于公司日常经营账户，确保投资方资金的安全。五是引入担保方为投资人的本息进行全额代偿担保。中心引入具有担保能力的企业、其他组织提供担保或债权回购服务及具有代为清偿债务能力的自然人提供连带保证，帮助投融资客户有效隔离风险。截至目前，融资项目无一例出风险，逾期和违约率均为0。

（四）践行普惠金融宣传，增强公众风险防范意识

近年来民间融资与非法集资行为的界限不明，因从事民间融资事后无法偿债而被追究非法集资刑事责任的情况十分常见。民间融资与非法吸收公众存款的罪与非罪的争议也十分普遍。由南宁市金融工作办公室、青秀区政府金融办主办，中心承办，联合青秀区津头街道办、街道社区等部门，通过调查问卷、发放宣传册等形式进行防范非法集资暨普惠金融宣传。用行动把普惠金融理念传进千家万户，帮助市民树立正确投资观念，自觉识别和抵制高息诱惑等非法集资行为，维护金融市场的秩序稳定。据调查了解，经过中心的普惠金融宣传，社区居民了解到了许多关于防范非法集资的有关知识，成功避开了诸多非法集资陷阱。

（五）较好应合沿边金融综合改革试验区的试点初衷，"可学习可复制可推广"目标基本实现

根据《试点工作的指导意见》，民间融资登记服务机构是指经批准

在一定区域内设立，为当地民间借贷双方依法提供资金供需信息发布、中介、登记等综合性服务的交易平台。试点工作启动以来，中心发挥民间融资机构接地气、体制机制灵活的特点，通过积极稳妥经营，成为地区加速资本转化、促进储蓄向投资转化的有效渠道，促进了金融资源配置效率的提高。中心的运行模式及经验总结，不仅体现了南宁市作为建设沿边金融综合改革试验区标杆城市的示范引领作用，而且契合了《试点工作的指导意见》"可学习、可复制、可推广"的工作要求，其不断探索创新和积累的有益经验，尤其值得逐步在南宁市和试验区其他城市扩大推广。

六　北部湾金融租赁有限公司大力支持航运金融

（一）近五年北部湾金融租赁有限公司经营情况

2014～2018 年，北部湾金融租赁有限公司（以下简称北部湾金租）立足广西，紧紧围绕"一带一路"建设、中国—东盟自贸区发展战略与自治区经济发展重点领域，抢抓《云南省　广西壮族自治区建设沿边金融综合改革试验区总体方案》《广西壮族自治区人民政府关于建设沿边金融综合改革试验区的实施意见》等重大政策机遇，充分发挥金融租赁以融物实现融资的优势，服务区内实体经济，大力支持沿边金融综合改革试验区建设，积极践行服务实体经济、促进国民经济转型升级的责任，在精准助力广西经济发展的同时，业务规模实现较快增长，人均创利保持较高水平。截至 2018 年末，北部湾金租资产总额 43.98 亿元，较 2014 年末增加了 24.51 亿元，年均增速为 22.59%；负债总额 31.44 亿元，较 2014 年末增加了 22.79 亿元，年均增速为 38.08%。

表 15 – 4　2014～2018 年北部湾金融租赁有限公司经营情况

指标	2014 年	2015 年	2016 年	2017 年	2018 年	年均增速（％）
资产总额（亿元）	19.47	16.21	25.81	40.20	43.98	22.59
负债总额（亿元）	8.65	4.99	14.16	28.11	31.44	38.08
净利润（亿元）	0.35	0.40	0.42	0.45	0.46	7.07
从业人员数（个）	53	53	47	49	48	– 2.45

资料来源：北部湾金融租赁有限公司。

（二）北部湾金融租赁有限公司支持航运金融概况

融资租赁业务对港口和航运企业来讲，具有融资期限长、租金还款可根据企业经营特点灵活安排、在减轻还款压力的同时规避周期性价格波动影响、有利于盘活企业存量资产、可促进港口和航运企业提高核心竞争力等优点。根据《广西壮族自治区人民政府关于建设沿边金融综合改革试验区的实施意见》精神，北部湾金租在试验区内大力支持航运金融，累计开展港口和船舶融资租赁业务 4.29 亿元，助力海上丝绸之路发展，服务"中国—东盟海洋经济合作试验区"建设。

（三）典型案例：为广西天益昌隆港务有限公司办理融资租赁业务

广西天益昌隆港务有限公司是一家集国际贸易、仓储、物流为一体，以煤炭、矿石、散杂货物装卸、仓储为主营业务的民营港口企业，在广西钦州港拥有 2 个码头 8 个泊位，年设计吞吐量 2100 万吨，2010～2018 年连续多年实现港口吞吐量 1000 万吨以上，贡献税收经济 10 亿元以上，是钦州港最具规模的民营码头。作为重资产型企业，该公司拥有价值昂贵的大型装卸设备但流动资金稍显不足，主要靠从银行获取流动性贷款补充营运资金。贷款期限短，还款期限集中，每年续贷较为烦琐，还款压力较大，一定程度上制约了企业发展。

图15-7　广西天益昌隆港务有限公司码头

北部湾金租通过多次调查认为：该企业码头身处国家"一带一路"建设、中国—东盟自由贸易区、西部陆海新通道建设支持发展的重要港口——钦州港，企业资本实力较强（注册资本金1亿元），码头泊位和吞吐量大，码头运营管理经验成熟，拥有先进的装卸设备和全流程自动化装卸系统，实现高效装卸和优质服务，在广西沿海民营码头中具备较强竞争优势。该企业已和华润水泥、海螺水泥等多家优质客户建立了长期合作关系，具有稳定的业务收入，持续经营能力强，还款来源可靠，业务风险总体可控。最终，北部湾金租结合该企业情况，为其量身定制金融解决方案，以码头大型装卸设备为租赁物，为该企业办理融资租赁售后回租业务，融资额度25000万元，期限5年，按季度还租。帮助该企业有效盘活固定资产，补充营运流动资金，为企业长期健康发展提供了有力的金融支持。

16

其他金融服务典型案例

一 中国工商银行创新涉农主体融资模式
助力种植业发展

（一）近五年中国工商银行经营情况

沿边金融综合改革试验区建设正式启动以来，在自治区党委政府、中国人民银行南宁中心支行、原广西银监局、广西外汇管理局和工商银

表 16-1　2014～2018 年中国工商银行广西分行经营情况

指　标	2014 年	2015 年	2016 年	2017 年	2018 年	年均增速（％）
资产总额（亿元）	2368.27	2522.73	2647.21	2921.68	3222.84	8.01
负债总额（亿元）	2311.42	2469.18	2596.86	2865.71	3161.22	8.14
净利润（亿元）	38.18	33.90	30.97	37.40	42.63	2.79
本外币存款余额（亿元）	2242.72	2407.56	2544.03	2810.33	3078.30	8.24
本外币贷款余额（亿元）	2005.89	2152.89	2262.03	2447.48	2663.72	7.35
跨境贸易融资总额（折合人民币，亿元）	174.87	98.23	48.10	87.65	65.19	-21.86
跨境人民币结算量（亿元）	300.82	335.81	400.67	287.6	366.29	5.05
边境贸易结算量（亿元）	172.14	175.87	229.68	128.95	178.61	0.93
国际结算量（亿美元）	145.66	122.78	131.76	128.19	132.34	-2.37
结售汇量（亿美元）	30.39	25.39	22.83	23.49	36.36	4.59
营业网点数（个）	465	465	445	443	443	-1.20
从业人员数（个）	10788	10728	10552	10221	9896	-2.13

数据来源：中国工商银行广西分行。

行总行的多方支持下，中国工商银行广西分行践行大行担当，紧抓政策机遇，在做好试验区建设见证者、参与者的同时，努力成为先行先试的推动者，取得明显成效。

资产和负债同步较快增长。如表16-1所示，截至2018年12月末，中国工商银行广西分行资产总额3222.84亿元，较2014年2368.27亿元增加了854.57亿元，年均增速为8.01%。负债总额为3161.22亿元，较2014年增加了849.8亿元，年均增速8.14%（见图16-1）。

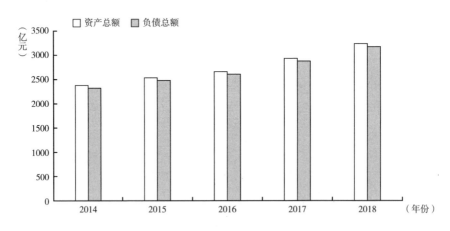

图16-1　2014~2018年中国工商银行广西分行资产和负债情况

融资总额排同业第一位。表内外融资总额突破4000亿元，其中，本外币贷款余额从2014年的2005.89亿元增加到2018年末的2663.72亿元，年均增长7.35%，在可比同业中继续保持第1位，充分发挥了地方金融主力军的"排头兵"作用。五年来，中国工商银行广西分行累计发放项目贷款近600亿元，为广西重点项目建设提供了有力的融资支持。如牵头组建完成中电广西防城港电力有限公司防城港电厂二期银团贷款35.6亿元。

国际业务平稳发展。中国工商银行广西分行跨境人民币结算量2018年比2014年增加65.47亿元，增幅22%。2014~2018年跨境人民

图 16 – 2　中国工商银行广西分行银团贷款支持的
防城港电厂二期工程

图 16 – 3　广西首批跨境人民币贷款签约仪式

币结算量累计突破 1690 亿元，处于市场领先地位。边境贸易结算量
2014 年为 172. 14 亿元，在 0. 93% 的年均增速下 2018 年末为 178. 61 亿
元，总体比较平稳。结售汇量年均增速为 4. 59%，由 2014 年的 30. 39
亿美元稳步增长到 2018 年的 36. 36 亿美元（见图 16 – 4）。

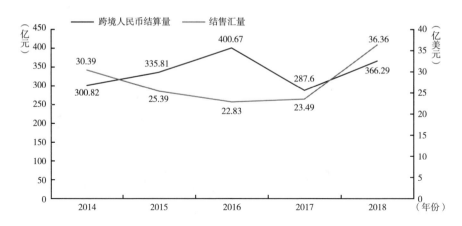

图16-4 2014～2018年中国工商银行广西分行跨境人民币
结算量和结售汇量

（二）创新"蔗担贷"模式助力糖料蔗种植产业发展

"农担贷—蔗担贷"模式。中国工商银行广西分行以服务实体经济为出发点和落脚点，坚持回归本源，通过引入政策性担保公司（广西农业信贷融资担保有限公司），制订针对涉农领域小微企业的专门融资方案"农担贷"，并在此基础上，创新推出了满足糖料蔗种植户和经营户资金需求的"蔗担贷"。"蔗担贷"是指在制糖企业推荐客户名单且协助进行糖料蔗结算款划转，并由广西农业信贷融资担保有限公司（以下简称农担公司）为贷款提供保证担保的情况下，中国工商银行广西分行向糖料蔗种植户及经营户发放的用于满足其生产经营资金需求的贷款。

"蔗担贷"模式的主要做法。一是紧密依托政府农业担保公司政策优势，通过与担保公司合作的方式切入糖蔗种植客户，有效解决了种植户有效担保不足、增信弱的难题。二是抓龙头，从制糖龙头企业入手，通过由制糖龙头企业推荐融资目标客户名单，提供历史采购数据信息，协助控制回款路径等措施，既可以达到客户批量拓展办理、提高业务效率、做大业务规模的目的，又有效解决了银企间数据不对称难题，降低银行贷款风险。三是抓重点，选取糖业资源丰富的二级分行和部分重点支行作为业务拓展重点经办行，由骨干客户经理与农担公司办事处进行紧密对接，取得突破后以点带面铺开业务办理。四是抓时效，农担公司与工商银行采取双线调查、同步推进的业务处理方式，对于双方共同需要的借款人业务资料，在农担公司认可的前提下，由银行协助收集整理，提高了业务处理效率。

"蔗担贷"模式的具体操作流程（见图16-5）：

（1）农户提出贷款意向。制糖企业通知甘蔗种植户，有需求的申请人向制糖企业提出申请，制糖企业协助客户填写委托担保申请书。

（2）糖企收集农户清单报银行和农担公司。制糖企业筛选合格客户，按批出具推荐函及客户情况统计表，同步报送至中国工商银行广西分行辖区内各业务经办行（以下简称业务经办行）及农担公司。

（3）银行进行现场调查及资料收集。业务经办行收到制糖企业报送的推荐函及客户情况统计表后，进行现场调查及协助农担公司进行资料收集，包括但不限于现场调查入景相片、农担公司要求提供的"桂农担—蔗担贷"等相关资料。

（4）银行确定准入客户名单。业务经办行确定准入的客户名单，出具推荐函（银行版）及客户情况统计表（银行版）。

（5）银行将相关资料报送农担公司。业务经办行将推荐函及客户情况统计表、客户资料及对应的客户银行业务调查表邮寄或者扫描并发送农担公司业务经理；对于农担公司未在当地设立分支机构的，由中国工商银行各地市小企业业务主管部门负责收集资料后直接与农担公司进行业务对接或报送中国工商银行广西分行（普惠金融事业部）。

（6）农担公司根据调查情况出具担保确认函。农担公司出具《担保意向书》后，业务经办行发起贷款审查审批流程；农担公司贷款审批通过后，向中国工商银行出具《担保确认函》。

（7）签订相关合同。业务经办行与农担公司、制糖企业、客户签订《四方协议》；与借款人签订《借款合同》；与农担公司签订《保证合同》/《最高额保证合同》。

（8）发放贷款。农担公司向中国工商银行出具《放款通知书》，中国工商银行据此发放贷款。

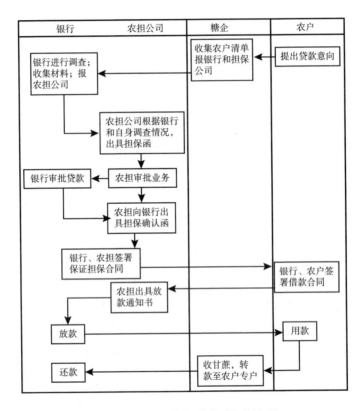

图 16 - 5　"蔗担贷"模式流程

数据来源：中国工商银行广西分行。

"蔗担贷"模式取得的成效。中国工商银行广西分行通过联合优质糖企和广西农业担保公司，以糖料蔗结算款为还款保障，三方共同监管等方式，探索出一条支持广西甜蜜事业发展的新工作思路。"蔗担贷"业务开展以来，已满足了部分糖蔗种植大户的资金需求，截至 2018 年12 月 31 日，贷款户数 5 户，贷款余额 495 万元。

二 中信银行不断完善银行业普惠金融服务保障体系

中信银行南宁分行认真贯彻中央和国务院关于发展普惠金融指示精神，秉承服务实业、创新发展的理念，按照总行部署，不断完善普惠金融服务保障体系。

（一）搭建普惠金融"五专"经营机制

一是建立专门的综合服务机制。在中信银行总行普惠金融中心领导下，中信银行南宁分行公司部下设小企业二级部负责小企业金融事务的管理工作。二是建立专门的统计核算机制。该行对小微业务按单独业务品种进行独立跟踪核算，通过提高统计效率加强对普惠金融工作的评判、指导和资源投放。三是搭建专门的风险管理机制。该行根据总行针对小微业务制定的产品及服务规定和风险管理要求，重点落实风险派驻模式、差异化授权等风险管理机制。四是建立专门的资源配置机制。在信贷资源偏紧的情况下，该行通过其总行"两增两降"专项信贷资源优先支持小微贷款投放；同时该行在经营单位及人员营销资源方面也给予侧重，激发普惠金融业务队伍成长动力。五是建立专门的考核评价机制。该行公司部及个贷部密切协同，将小企业贷款及个人经营贷款列为年度经营考核重点，通过考核评级及资源配置，共同推进普惠金融业务发展。

（二）落实无还本续贷、减免收费等普惠金融监管政策

一是对民营企业给予纾困支持。对于暂时经营困难、仍有发展前景的优质民营企业，实行不抽贷、不压贷、不断贷，并通过参与银行间合作、并购等方式，对其给予纾困支持。二是落实"无还本续贷"政策。该行针对经营状况良好、对贷款到期后仍有融资需求的普惠型小微企业

推出"无还本续贷"功能，通过放款与还款的无缝对接，为客户实现到期日前续贷，显著减少了该行普惠金融客户综合融资成本。另外，对股票质押等流动性问题，不搞"一刀切"强平。三是对小微企业减免相关收费事项。落实服务收费"两禁两限"政策，对于普惠型小微法人企业主动改"限"为"禁"，执行"四禁"政策，不收取承诺费、资金管理费、财务顾问费、咨询费；按规定承担融资过程中的房屋抵押登记费以及普惠型小微法人企业融资过程中房地产类押品评估费。

（三）采取措施降低小微企业融资成本

提供全面综合的服务方案。为进一步应对小微企业融资需求"短、频、快、急"的特点，该行通过传统授信、交易银行、个人信贷、信用卡、资产管理以及百信银行等多方联动，为客户提供"个人＋法人""融资＋结算＋投行＋资产管理""线下＋线上"的全面综合解决方案，强化对客户多种金融产品的服务，既服务好小微法人企业，也服务好小微企业主，提升客户满意度。

持续强化产品创新，聚焦产品服务线上线下功能融合建设，提升产品标准化水平。一是通过互联网大数据应用，先后在广西区内首创"信秒贷"及"房信贷"等线上创新产品，加快普惠产品由线下向线上的覆盖。二是通过大力开展"烟商贷"业务，促进小微企业稳健发展。"烟商贷"产品是中信银行针对个体类零售烟草商户提供的具有一定天数免息期且满足烟草商户定向烟草采购需求的个人贷款产品。截至2018年12月末，中信银行南宁分行累计为1300户烟草商户提供了该项服务，累计投放贷款4亿元左右。三是升级优化小微企业房产抵押贷款、法人按揭贷款、政府采购贷款、银税贷及政府风险补偿基金贷款等五项产品。四是通过快速绿色审批通道、专项信贷规模、快速放款通道、线上化执行等多种措施丰富小微企业融资途径，切实解决小微企业融资难问题。

三 邮储银行创新"淘易贷"等小额信用贷款产品

（一）近五年邮政储蓄银行经营情况

中国邮政储蓄银行作为一家全国领先的大型零售商业银行，坚持服务实体经济，积极落实国家战略和支持中国现代化经济体系建设，实现自身可持续发展。2007年，在总行的精心部署下，中国邮政储蓄银行广西区分行成立。作为一家国有大型商业银行在广西的一级分行，中国邮政储蓄银行广西区分行始终坚持服务"三农"、服务社区、服务中小企业的市场定位，认真履行社会责任，积极服务地方建设，同时不断创新融资产品和渠道，为广西支持沿边金融综合改革、对外开放、跨境金融创新、实体经济转型升级、基础设施建设、脱贫攻坚、绿色金融、民生领域改善等提供了全方位的金融支持。

表16-2　2014～2018年中国邮政储蓄银行广西区分行经营情况

指　标	2014年	2015年	2016年	2017年	2018年	年均增速（%）
资产总额(亿元)	1428.00	1498.41	1665.84	1787.11	1933.05	7.86
负债总额(亿元)	1424.00	1498.22	1663.83	1778.61	1916.69	7.71
净利润(亿元)	4.00	0.44	3.72	6.65	11.72	30.83
本外币存款余额(亿元)	1387.00	1462.54	1623.35	1720.76	1829.22	7.16
本外币贷款余额(亿元)	287.00	399.06	524.19	626.69	801.42	29.27
跨境贸易融资总额(折合人民币,亿元)	0.01	0	0	1.00	11.00	439.34
跨境人民币结算量(亿元)	0.4	3.24	35.1	32.73	32.22	199.58
边境贸易结算量(亿元)	0.4	3.24	34.82	32.73	32.03	199.14
国际结算量(亿美元)	0.15	0.4	7.46	7.43	8.27	172.49
结售汇量(亿美元)	0.08	0.16	0.39	0.22	0.19	24.14
营业网点数(个)	1002	979	964	954	957	-1.14

数据来源：中国邮政储蓄银行广西区分行。

资产规模不断扩大，利润稳步提升。如表 16－2 所示，截至 2018 年末，中国邮政储蓄银行广西区分行资产总额达 1933.05 亿元，较 2014 年增长了 505.05 亿元，年均增速 7.86%；负债总额 1916.69 亿元，较 2014 年增加 492.69 亿元，年均增速 7.71%；本外币存款余额 1829.22 亿元，较 2014 年末增加 442.22 亿元，年均增速为 7.16%；本外币贷款余额 801.42 亿元，较 2014 年末增加 514.42 亿元，年均增速为 29.27%。2018 年，中国邮政储蓄银行广西区分行净利润达 11.72 亿元，较 2014 年增加 7.72 亿元，年均增速 30.83%。

跨境业务快速发展。作为最年轻的国有银行，中国邮政储蓄银行广西区分行充分发挥后发优势，跨境业务获得快速发展。2018 年边境贸易结算量达 32.03 亿元，较 2014 年新增 31.63 亿元，年均增速达 199.14%；2018 年跨境贸易融资总额达 11 亿元，较 2014 年新增 10.99 亿元，年均增速 439.34%。

近五年来，中国邮政储蓄银行广西区分行将自身业务发展与地方重大举措相结合，充分发挥在资金、网络、技术等方面的独特优势，通过改革和创新，深入落实沿边金融综合改革的实施方案，集中攻坚，积极为沿边地区开放发展提供全方位、多产品的综合金融服务支持。一是科技赋能，自主研发"边贸金汇通"网银系统。在中国邮政储蓄银行总分行多级机构共同努力和相关管理部门的指导下，中国邮政储蓄银行广西区分行成功开发"边贸金汇通"网银系统，借助互开账户的方式与越南银行开展边贸结算的业务往来。"边贸金汇通"网银系统的成功开发意味着中国邮政储蓄银行广西区分行可以为中越双方的边贸交易提供更高效便捷的人民币和越南盾清算/结算服务，大大提升边贸结算的速度和效率。二是践行开放理念，构建中国—东盟金融服务网络。中国邮政储蓄银行广西区分行积极开拓与越南同业合作渠道，2014 年 12 月成功与越南农业与农村发展银行芒街分行签订边贸结算业务合作协议，是邮储银行系统内第一家与国外银行签订边贸合作协议的一级分行。截至 2018 年末，该分行与越南商业银行边贸结算业务合作银行达到 9 家，包括越南农业与农村发展银行、越南工商银行等，大大拓宽了跨境人民币结算渠道。三是成立货币中心，布局攻坚新跨越。2015 年 9 月，在第 12 届东盟博览会上，"中国邮政储蓄银行中国—东盟货币中心"的成功揭牌首次实现了邮储银行人民币对越南盾的直接报价兑换，大大提升了中越贸易资金结算的便利性，更是中国邮政储蓄银行广西区分行落实沿边金融综合改革政策、积极推进人民币国际化的重大举措，为各类服务行业和经济体提供更好的资金交易服务。四是顺势而为，搭建跨境劳务金融服务体系。随着我国金融开放的不断深化，广西与东盟国家，尤其是毗邻的越南之间的合作交流更加紧密，双方之间的劳务流动愈发频繁。中国邮政储蓄银行广西区分行积极响应国家沿边金融综合改革的政策，敏锐地捕捉广西沿边金融综合改革重点地区的金融需求，切合东盟劳务人员的金融需求，于 2018 年 8 月 3 日挂牌成立面向东盟的跨境劳务金融服务中心，成为广西区内首家面向东盟的服务跨境劳工的金融服务中心。该服务中心的成立，实现了中国邮政储蓄银行广西区分行向越南等东盟国家的入境劳务人员提供工资代发、货币兑换、跨境汇款等综合金融服务。中国邮政储蓄银行广西区分行通过积极与当地人民银行、社保局对接，对越南籍劳工用工企业进行精准营销，在活动启动仪式现场与东兴市一家公司达成合作意向并成功为 9 户越南籍劳务工开立了人民币工资代发账户。

（二）创新"淘易贷"等信贷产品支持沿边发展

一是创新"淘易贷"支持东兴电商行业发展。2015 年，东兴市被列为全国电子商务进农村综合示范县，东兴市各项电商发展指标均位于广西县域首位，并于 2016 年获得全国电子商务百佳县和"京东农村电商推广示范市"称号。近年来，做大做强电子商务行业，是东兴市党委、政府实施"一带一路"建设的中心任务和重要举措。东兴市的中小企业也纷纷参与到电商发展的浪潮中，东兴市的"红姑娘"番薯、"捣蛋"海鸭蛋、东南亚水果、"欧宝"坚果、"杺园"红木工艺品等具有当地特色的知名农产品和工艺品已经通过阿里巴巴、淘宝网等平台销往全国乃至全球的每一个角落。为支持电商客户短期资金需求，助力东兴电商产业发展，中国邮政储蓄银行广西区分行创新"淘易贷"小额信用贷款产品，专门服务于东兴市在电子商务平台（天猫、淘宝网、阿里巴巴、京东商城、邮掌柜等）上有经营店铺的个人或小微企业主，主要依托电商客户的平台交易流水作为授信依据，纯信用方式，无须担保，有效地解决个人或小微企业主融资难融资贵的问题。自2018年6月"淘易贷"落地开展以来，中国邮政储蓄银行广西区分行为东兴中小企业的电商发展提供了便利高效的融资服务。截至2018年末，该行给10家企业提供了"淘易贷"贷款支持，贷款金额合计148万元。

二是开发"特色行业/专业市场小额信用贷"支持地方特色行业/专业市场发展。为支持沿边地区特色行业/专业市场的产业发展，解决个体工商户及小微企业主的融资难问题，2018年9月，中国邮政储蓄银行广西区分行创新开发"特色行业/专业市场小额信用贷"，该产品最高授信额度可达50万元，以纯信用方式发放，无须担保，获得循环授信额度后可通过手机银行进行贷款支用。小额信用贷服务的特色行业及市场包括：防城港地区的海水捕捞、海产品干货批零、红木家具加工及销售3个特色行业，东兴市北部湾国际海产品批发市场、东兴市边民海产品加工市场、东兴市万众国际批发市场3个专业市场；崇左地区的红木加工、木材加工行业及中国—东盟万通物流园水果交易中心、正高国际家居建材广场专业市场；百色地区的木材加工、农资销售、水果收购及批发、大米加工、油茶加工行业和百色市城西大型农产品交易市场。截至2018年末，中国邮政储蓄银行广西区分行通过该产品支持边境地区特色行业/专业市场中的个体工商户、小微企业主合计101户，合计发放贷款108笔，贷款金额合计2103万元。

四   中国太平一揽子财产保险
服务中国—东盟博览会

中国太平保险集团自 2013 年以来连续六年成为中国—东盟博览会唯一保险行业合作伙伴和指定财产保险承保商，驻桂子公司太平财产保险有限公司广西分公司累计提供责任险、财产险、意外险、车险等一揽子保险保障 106.64 亿元，全面为中国—东盟博览会成功举办保驾护航，为推动广西沿边发展和跨境区域合作发挥了保险风险保障作用。

（一）主要做法

一是为参加中国—东盟博览会的嘉宾、观众、参会参展人员、志愿者等人员的人身伤亡或财产损失提供活动期间累计 10.4 亿元的公众责任保险保障。二是为广西国际博览事务局（中国—东盟博览会秘书处）用于各类活动的固定设施、机器设备等财产提供活动期间的财产综合险保障。三是为广西国际博览事务局的工作人员，包括但不限于正式工作人员、聘请或雇用人员、借用人员、实习生提供累计 49.4 亿元的活动期间短期人身意外伤害保险保障。四是为广西国际博览事务局举办各类活动和接送贵宾的车辆提供活动期间的机动车辆保险保障。

（二）配套措施

一是成立中国—东盟博览会专项领导小组和服务小组。中国太平抽调了总、分公司各部门专业技术力量建立了紧密协作、高效快捷、执行力强、专业知识过硬的全方位保险保障服务团队，简化操作流程，开通 VIP 客户快速响应和绿色通道服务标准，为中国—东盟博览会提供全面、优质、快捷的保险服务。二是建立客户服务监督和投诉沟通机制。

实行公开化操作，并接受被保险人对服务人员的监督审计制度，所有项目服务人员如有违规行为或服务不周到之处，有专门有效的举报途径对相关方进行约束。设立专项投诉受理电话，指定投诉受理人，并确保接到有关投诉后24小时内书面答复针对投诉的初步处理建议。三是积极参展并做好保险宣传。中国太平每年在中国—东盟博览会设置参展展台，借助东博会的平台，宣传广西保险事业。四是提供特色增值服务。为中国—东盟博览会提供包括法律直通车、第三方满意度调查等在内的极具特色的增值服务。

五 广西北部湾股权交易所率先完成区域性 股权市场运营机构整合

（一）近五年广西北部湾股权交易所经营情况

表16-3　2014～2018年广西北部湾股权交易所经营情况

指 标	2014年	2015年	2016年	2017年	2018年	年均增速（%）
营业收入(亿元)	0.07	0.29	0.40	0.12	0.11	11.96
资产总额(亿元)	1.09	1.48	1.04	0.80	1.89	14.75
负债总额(亿元)	0.15	0.58	0.15	0.07	0.06	-20.47
月均从业人员(人)	18	31	44	43	53	30.99

数据来源：广西北部湾股权交易所。

经营规模持续扩大。广西北部湾股权交易所股份有限公司（以下简称北部湾股交所）经过五年的发展，注册资本由2014年末的1亿元增加到2018年末的2.2亿元；资产总额由2014年末的1.09亿元增加到2018年末的1.89亿元，年均增速14.75%；负债总额呈逐年减少趋势，年均增速为-20.47%（见表16-3）。

营业收入快速增长。在五年发展过程中，北部湾股交所的营业收入呈波浪式起伏变化，但总体呈增长趋势，年均增速 11.96%。2014~2016 年营业收入增长最快，在 2016 年达到近年最高的 0.4 亿元。主要是由于政策补贴的支持，掀起了一波中小微企业的挂牌热潮，北部湾股交所业务发展也经历了一个"井喷"期。北部湾股交所自 2014 年 9 月揭牌开业以来，已有 4 家企业通过北部湾股交所的培育规范成功转入新三板，2 家企业正在筹划拟挂牌新三板。截至 2018 年末，累计挂牌企业 2769 家，托管企业 384 家，股份制改造企业 209 家，备案中介机构 211 家，开立账户的投资者（含股东）总数 4858 户。累计为企业备案可转债 0.575 亿元，提供融资、转让服务 13 亿元。

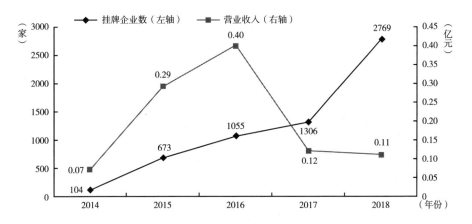

图 16 - 6　2014~2018 年北部湾股交所营业收入及挂牌企业家数

从业人员逐年递增。随着国家对区域性股权市场的监管政策日益明朗、业务范围逐步拓展及子公司的设立，北部湾股交所从业人员数从 2014 年的 18 人增加到 2018 年的 53 人，年均增速 30.99%。在用工形式方面，从单一的劳动合同用工方式升级为合同用工和劳务派遣相结合的多形式用工。人员数量的增加及用工形式的多样化，较好满足了公司经营管理和业务发展需要。

图 16 – 7   广西北部湾股权交易所第二十九期挂牌企业授牌仪式

（二）成为全国首家完成整合工作的区域性股权市场运营机构

按照要求，经自治区金融办牵头相关部门论证，上报自治区人民政府，最终形成广西区域性股权市场整合方案。整合方案明确保留"广西北部湾股权交易所"牌子并以其为主体整合南宁股权交易中心（以下简称南股交），整合后的北部湾股交所由广投集团控股。

区域性股权市场运营机构整合的具体流程。一是要求其他已设立的区域性股权市场运营机构停止开展业务。2017 年 9 月 2 日，广西壮族自治区人民政府发布《关于明确广西北部湾股权交易所股份有限公司为广西唯一合法的区域性股权市场运营机构的通告》（桂政发〔2017〕40 号），同时要求其他已设立的区域性股权市场运营机构，停止开展新增业务，之前已开展的存量业务，由北部湾股交所通过整合予以妥善处理。

二是广西投资集团（以下简称广投集团）通过收购国海证券持有的北部湾股交所股份成为北部湾股交所绝对控股股东。2017 年 9 月 20

日，自治区金融办下发《关于核准广西北部湾股权交易所股份有限公司股权变更的批复》（桂金办函〔2017〕1069号），批准国海证券将持有的北部湾股交所5100万元股份全部转让给广投集团。广投集团成为北部湾股交所持股51%的控股股东，北部湾股交所由广投集团三级子公司升格为广投集团二级子公司。在此基础上，北部湾股交所于2017年10月25日召开2017年第一次临时股东大会、第二届董事会第九次会议，就股权变更相应修订公司章程、变更董监事并选举产生新任董事长（法定代表人）。2017年11月20日，完成上述股权变更的工商备案，并换领营业执照。

三是形成增资扩股并收购南股交方案。2017年10月31日，经广投集团组织收购双方履行竞争性谈判相关程序，按规定开展评估、审计和尽职调查工作，在此基础上，自治区金融办和南宁市政府领导分别组织召开相关方协调会，经收购双方（北部湾股交所与南宁金融投资集团有限责任公司）沟通一致，形成北部湾股交所增资扩股并收购南股交方案。

四是完成区域性股权市场运营机构的整合工作。2018年3月，按照国务院和自治区政府的相关要求，在自治区金融办的指导下，北部湾股交所利用增资扩股募集资金收购南宁金融投资集团有限责任公司持有的南股交100%股权，收购后南股交成为北部湾股交所全资子公司，南股交牌照相应变更。短时间内完成了区域性股权市场运营机构的整合工作，使广西成为全国首个完成区域性股权市场整合工作的省份。

区域性股权市场运营机构整合的作用。通过区域性股权市场整合，一是进一步明确了区域性股权交易市场的功能定位和发展方向，对于构建区域性创新创业生态系统、完善服务实体经济的金融体系、解决产业和资本的衔接问题、促进各地经济高质量发展等均具有特殊意义。二是有利于推动多层次资本市场长期稳定健康发展，防范和化解金融风险，支持实体经济特别是中小微企业发展，保护投资者合法权益。三是有利于北部湾股交所服务实体经济，有序扩大和更加便利中小微企业融资，切实解决中小微企业融资难问题。四是把规范作为市场长期健康发展的保障，不断拓展市场功能，逐步将北部湾股交所建成融资功能完备、服务方式灵活、运行安全规范、投资者合法权益得到充分保护的区域性股权市场运营机构。

V 附录

17
大事记

2013年

11月

·21 日，经国务院批准同意，中国人民银行等十一部委联合印发《云南省　广西壮族自治区建设沿边金融综合改革试验区总体方案》（银发〔2013〕276 号）。

2014年

1月

·8 日，广西壮族自治区人民政府为推动沿边地区经济金融发展，印发《广西壮族自治区人民政府关于建设沿边金融综合改革试验区的实施意见》（桂政发〔2014〕3号）。

·9日，广西壮族自治区党委、政府在南宁召开建设沿边金融综合改革试验区工作大会，成立了工作领导小组，正式启动试验区建设工作。

4月

·1日，东兴、凭祥沿边重点开发开放试验区上线运行东盟货币信息服务平台，形成了人民币对越南盾银行柜台挂牌"抱团定价""轮值定价"的"东兴模式"。

·30日，广西沿边金融综合改革试验区工作领导小组在南宁召开第一次全体会议。

·30日，中国人民银行南宁中心支行印发《广西壮族自治区沿边金融综合改革试验区个人跨境贸易人民币业务管理办法》（南宁银发〔2014〕113号）。

5月

·22日，广西沿边金融综合改革试验区工作领导小组第一次全体会议审议通过《广西建设沿边金融综合改革试验区工作任务分解表》。

11月

·12日，自治区主席陈武主持召开自治区十二届人民政府第39次常务会议，研究部署加快沿边金融综合改革试验区建设。

·20日，原广西银监局下发《关于进一步推进简政放权有关事项的通知》，明确对广西沿边金融综合改革试验区支持措施。

·28日，广西首批跨境人民币贷款签约仪式在广西首府南宁举行，自治区党委常委、常务副主席黄道伟出席签约仪式并见证签约。

12月

·19日，印发《广西壮族自治区人民政府办公厅转发财政厅关于加大财政支持力度促进沿边金融综合改革试验区建设意见的通知》（桂政办发〔2014〕113号）。

·29日，广西区内工、农、中、建、交、北部湾等6家银行成立"广西银行间市场区域交易自律小组"，自律开展人民币对越南盾区域交易。

·30日，经广西壮族自治区人民政府同意，印发《广西沿边金融综合改革试验区推进金融服务同城化总体工作方案》。

·31日，广西沿边金融综合改革试验区工作领导小组办公室联合自治区重大项目建设推进领导小组办公室组成督查组，对各成员单位（含相关六市）开展沿边金融综合改革工作情况进行了督查。

2015年

3月

·18日，原广西银监局、自治区金融办、中国人民银行南宁中心支行共同下发《关于实施广西沿边金融综合改革试验区银行服务收费同城化的通知》，启动沿边六市收费同城化工作。

4月

·1日，广西沿边金融综合改革试验区工作领导小组在南宁召开2015年第一次全体会议。

·7日，"沿边金融综合改革暨中国—东盟博览会推介会"在韩国首尔市举行。

·27日，东亚银行南宁分行开业，成为沿边金融综合改革试验区第4家外资银行。

7月

·1日，沿边六个地市银行业金融机构正式取消同行间一切以异地为依据的差异化收费项目，六市银行服务收费同城化正式实现。

2016年

1月

·6日，广西凭祥农村商业银行举行揭牌仪式，崇左市7家农信社全部改制完成，标志着广西农信社改革发展进入崭新阶段。

2月

·25日，广西深入推进沿边金融综合改革试验区建设座谈会在南宁召开。

7月

·15日，广西首家省级地方资产管理公司广西金控资产管理公司正式揭牌。

11月

·10日，人民银行南宁中心支行、国家外汇管理局广西区分局成功举办广西跨境金融服务暨全口径跨境融资宏观审慎管理政策推介会。

12月

·8日，广发银行南宁分行开业，并举办"广西壮族自治区政府—广发银行战略合作暨广发银行支持广西经济工作推进会"。

·20日，南宁兴宁长江村镇银行股份有限公司获批成立，成为广西第一家按照批量发起设立模式成立的村镇银行。

2017年

1月

·20日，各单位根据《关于开展沿边金融综合改革工作督察的通知》（桂金融综合改革办函〔2016〕5号）的要求报送2016年度沿边金融综合改革工作自查报告。

5月

·16日，自治区党委常委、党委秘书长、办公厅主任黄伟京（时任自治区副主席）与中央党校第42期中青一班学员调研组在南宁市调研沿边金融综合改革试验区建设。

6月

·12日，原广西银监局出台《关于广西银行业支持"一带一路"建设的指导意见》。

8月

·2日，人民银行南宁中心支行、自治区金融办、原广西银监局、广西证监局、原广西保监局联合印发《金融业支持广西参与"一带一路"建设的指导意见》（南宁银发〔2017〕215号）。

·30日，由崇左市政府、人民银行南宁中心支行、中国银行广西分行联合主办的越南盾现钞跨境调运业务启动仪式在崇左市凭祥友谊关口岸零公里处成功举办。中国银行崇左分行与越南投资与发展银行谅山分行合作完成了35亿越南盾（折合102万元人民币）现钞的通关入境。

9月

·13日，人民币对柬埔寨瑞尔银行间市场区域交易启动仪式在第9届中国—东盟金融合作与发展领袖论坛上举行，人民币对柬埔寨瑞尔银行间市场区域交易在广西启动。

·29日，全区金融工作会议在南宁召开，会议提出打造沿边金融综合改革升级版，构建面向东盟的金融开放门户。

12月

·8日，中国进出口银行广西壮族自治区分行在南宁开业，自治区政府与中国进出口银行签署战略合作协议。

·27～28日，自治区金融办牵头，联合自治区发改委、人民银行南宁中心支行、原广西保监局等单位组成督查组赴崇左凭祥市、百色靖西市开展沿边金融综合改革试验区建设专项督查工作。

2018年

2月

28日，中国银行广西分行在凭祥友谊关举办中越人民币现钞跨境调运启动仪式，顺利完成广西首笔中越人民币现钞跨境调运业务。

4月

·8日，自治区党委书记鹿心社在东兴市边贸互市贸易区与边民亲切交谈，了解互市贸易交易情况；广西壮族自治区主席陈武在东兴市试验区调研沿边工作。

·9日，自治区党委书记鹿心社在中马钦州产业园参观调研，考察园区企业。

5月

·21日，自治区原副主席丁向群深入凭祥市开展沿边金融综合改革试验区建设工作调研，并召开沿边金融综合改革工作推进会，全面部署沿边金融综合改革评估验收工作。

6月

·15日，自治区原副主席丁向群带队向人民银行总行副行长陈雨露汇报沟通了沿边金融综合改革总结和打造面向东盟的金融开放门户推进情况。

·25～26日，自治区党委书记鹿心社、自治区主席陈武率队专程向中国人民银行总行和国务院汇报沿边金融综合改革总结和打造面向东盟的金融开放门户推进情况。

7月

·3日至6日，中国人民银行、国家发展改革委、中国银保监会、中国证监会、国家外汇管理局等部委到广西开展沿边金融综合改革暨打造面向东盟金融开放门户专题调研。

8月

·2~6日，第三方评估组到广西就沿边金融综合改革试验区建设进行评估验收。

·23日，广西电视台对自治区地方金融监管局范世祥局长就沿边金融综合改革试验区建设进行了电视采访。新华社广西分社以座谈会形式对自治区金融办和一行三局进行了采访，形成内参报送中央。

·28日，平安银行南宁分行正式开业。

9月

·3日，广西百色右江华润村镇银行获批参与全国首批"多县一行"制村镇银行试点。

·4日，自治区人民政府向国务院报送《广西壮族自治区沿边金融综合改革试验区建设工作总结》（桂政报〔2018〕28号）。

18
相关政策

财政方面

1.1（自治区）《广西壮族自治区人民政府办公厅转发财政厅关于加大财政支持力度促进沿边金融综合改革试验区建设意见的通知》（桂政办发〔2014〕113号）

发展方面

2.1（国务院）《北部湾城市群发展规划》（发改规划〔2017〕277号）

2.2（国务院）《国务院关于支持沿边重点地区开发开放若干政策措施的意见》（国发〔2015〕72号）

2.3（国务院办公厅）《国务院办公厅关于支持中马钦州产业园区开发建设的复函》（国办函〔2014〕67号）

2.4（国家外汇管理局）《国家外汇管理局关于在部分地区开展外商投资企业外汇资本金结汇管理方式改革试点有关问题的通知》（汇发〔2014〕36号）

2.5（国家外汇管理局）《国家外汇管理局关于在广西东兴国家重点开发开放试验区扩大个人本外币兑换特许业务试点的批复》（汇发〔2014〕126号）

2.6（自治区）《广西壮族自治区人民政府办公厅关于广西金融支持经济结构调整和转型升级的意见》（桂政发办〔2013〕115号）

2.7（自治区）《广西壮族自治区人民政府关于建设沿边金融综合

改革试验区的实施意见》（桂政发〔2014〕3号）

2.8（自治区）《广西壮族自治区人民政府关于做好下半年经济工作努力实现全年稳增长目标的意见》（桂政发〔2014〕46号）

2.9（自治区）《广西壮族自治区人民政府关于进一步深化投融资体制改革的指导意见》（桂政发〔2014〕70号）

2.10（自治区）《关于降低实体经济企业成本若干措施的意见》（桂政发〔2016〕20号）

2.11（自治区）《广西壮族自治区人民政府关于印发中国—东盟信息港建设推进工作方案的通知》（桂政发〔2016〕29号）

2.12（自治区）《广西壮族自治区人民政府关于支持沿边重点地区开发开放的实施意见》（桂政发〔2016〕52号）

2.13（自治区）《关于规范广西现行配套资金政策的意见》（桂政办法〔2016〕94号）

2.14（自治区）《关于进一步降低实体经济企业成本的意见》（桂政发〔2016〕124号）

2.15（自治区）《广西壮族自治区人民政府办公厅关于印发广西沿边新型城镇示范带建设实施方案的通知》（桂政办发〔2016〕187号）

2.16（自治区）《中共广西壮族自治区委员会广西壮族自治区人民政府关于深化投融资体制改革的实施意见》（桂政发〔2017〕12号）

2.17（自治区）《广西壮族自治区人民政府办公厅关于印发广西沿边地区开发开放"十三五"规划的通知》（桂政办发〔2017〕15号）

2.18（自治区）《广西壮族自治区人民政府关于进一步降低实体经济企业成本的意见》（桂政发〔2017〕23号）

2.19（自治区）《广西壮族自治区人民政府办公厅关于进一步加强中央预算内投资管理的若干意见》（桂政办发〔2017〕35号）

2.20（自治区）《关于改革完善自治区对县财政体制促进县域经济发展的实施意见》（桂政办发〔2017〕96号）

2.21（自治区）《广西壮族自治区人民政府办公厅关于进一步激发社会领域投资活力工作方案》（桂政发办〔2017〕128号）

2.22（自治区）《关于促进工业扩投资稳增长的意见》（桂工信投资〔2017〕603号）

2.23（自治区）《广西壮族自治区人民政府办公厅关于做好广西加快沿边开发开放政策落地工作的通知》（桂政办发〔2018〕47号）

2.24（自治区）《广西壮族自治区人民政府办公厅关于印发进一步减轻企业税费负担的若干措施的通知》（桂政办发〔2018〕50号）

2.25（自治区）《广西壮族自治区人民政府办公厅关于印发加大金融支持实体经济发展若干措施的通知》（桂政办发〔2018〕55号）

2.26（北海市）《北海市人民政府办公室关于印发北海市参与广西北部湾经济区社会信用体系同城一体化建设实施方案的通知》（北政办〔2015〕25号）

2.27（北海市）《北海市人民政府关于印发北海市企业信用信息征集和发布暂行管理办法的通知》（北政发〔2016〕43号）

2.28（北海市）《北海市人民政府关于印发北海市个人信用信息征集使用暂行管理办法的通知》（北政发〔2016〕44号）

金融方面

3.1（人民银行）《云南省　广西壮族自治区建设沿边金融综合改革试验区总体方案》（银发〔2013〕276号）

3.2（国家外汇管理局）《国家外汇管理局关于在部分地区开展外商投资企业外汇资本金结汇管理方式改革试点有关问题的通知》（汇发〔2014〕36号）

3.3（国家外汇管理局）《国家外汇管理局关于在广西东兴国家重点开发开放试验区扩大个人本外币兑换特许业务试点的批复》（汇复〔2014〕126号）

3.4（自治区）《中共广西壮族自治区委员会　广西壮族自治区人民政府关于促进广西金融业更好更快发展的若干意见》（桂发〔2010〕7号）

3.5（自治区）《广西壮族自治区人民政府办公厅关于印发广西北部湾经济区推进金融服务同城化总体工作方案的通知》（桂政办电〔2013〕163号）

3.6（自治区）《广西壮族自治区防范化解涉企金融风险指导小组关于防范化解当前涉企金融风险的意见》（桂防涉企金险发〔2014〕1号）

3.7（自治区）《关于印发广西建设沿边金融综合改革试验区工作任务分解表的通知》（桂金融综合改革发〔2014〕2号）

3.8（自治区）《关于印发广西建设沿边金融综合改革试验区2014年工作要点的通知》（桂金融综合改革发〔2014〕3号）

3.9（自治区）《广西壮族自治区人民政府关于建设沿边金融综合改革试验区的实施意见》（桂政发〔2014〕3号）

3.10（自治区）《广西沿边金融综合改革试验区工作领导小组办公室关于开展民间融资登记服务机构试点工作的指导意见》（桂金融综合改革办发〔2014〕5号）

3.11（自治区）《广西壮族自治区金融工作办公室关于印发〈广西北部湾经济区小额贷款公司行业经营业务同城化试点方案〉的通知》（桂金办发〔2014〕5号）

3.12（自治区）《关于印发广西沿边金融综合改革试验区推进金融服务同城化总体工作方案的通知》（桂金融综合改革发〔2014〕6号）

3.13（自治区）《广西壮族自治区人民政府办公厅关于成立广西沿边金融综合改革试验区工作领导小组的通知》（桂政办发〔2014〕23号）

3.14（自治区）《广西壮族自治区人民政府办公厅关于开展小额贷

款保证保险试点工作的实施意见》（桂政办发〔2014〕46 号）

3.15（原广西银监局）《中国银监会广西监管局办公室关于进一步推进简政放权有关事项的通知》（桂银监办发〔2014〕190 号）

3.16（广西银保监局）《关于实施广西沿边金融综合改革试验区银行服务收费同城化的通知》（桂银监发〔2015〕7 号）

3.17（自治区）《广西壮族自治区金融工作办公室关于扩大小额贷款公司行业经营业务同城化试点工作的通知》（桂金办发〔2016〕8 号）

3.18（自治区）《关于印发关于加强政银保合作服务脱贫攻坚 进一步扩大小额贷款保证保险覆盖面的通知》（桂金办发〔2016〕14 号）

3.19（自治区）《广西壮族自治区人民政府办公厅关于印发促进外贸回稳向好实施方案的通知》（桂政办发〔2016〕161 号）

3.20（自治区）《广西壮族自治区人民政府办公厅关于印发广西壮族自治区交易场所管理暂行办法的通知》（桂政办发〔2016〕12 号）

3.21（自治区）《关于印发〈崇左市跨境劳务人员人身意外保险实施意见〉的通知》（保协崇发〔2017〕11 号）

3.22（广西银保监局）《中国银监会广西监管局关于广西银行业支持"一带一路"建设的指导意见》（桂银监发〔2017〕29 号）

3.23（人民银行南宁中心支行）《金融业支持广西参与"一带一路"建设的指导意见》（南宁银发〔2017〕215 号）

3.24（自治区）《广西壮族自治区金融工作办公室 广西壮族自治区财政厅关于撬动资本市场资源服务实体经济发展的通知》（桂金办资〔2018〕3 号）

3.25（自治区）《广西壮族自治区党委办公厅 广西壮族自治区人民政府办公厅关于服务实体经济防控金融风险深化金融改革的实施意见》（桂发〔2018〕5 号）

3.26（自治区）《广西壮族自治区金融工作办公室关于发挥多层次

资本市场作用服务脱贫攻坚战略通知》（桂金办资〔2018〕18号）

3.27（自治区）《广西壮族自治区人民政府办公厅关于加强地方金融监管体制的实施意见》（桂政办发〔2018〕24号）

3.28（自治区）《广西壮族自治区人民政府办公厅关于印发加大金融支持实体经济发展若干措施的通知》（桂政办发〔2018〕55号）

3.29（自治区）《广西壮族自治区人民政府办公厅转发自治区金融办等部门关于构建绿色金融体系实施意见的通知》（桂政办发〔2018〕86号）

3.30（自治区）《关于深化广西小微企业金融服务有关政策措施的通知》（南宁银发〔2018〕187号）

3.31（自治区）《广西壮族自治区人民政府办公厅关于印发全区企业上市（挂牌）"三大工程"实施方案的通知》（桂政办电〔2018〕215号）

3.32（南宁市）《南宁市中小企业贷款平台配套资金暂行管理办法》（南工信企业〔2014〕5号）

3.33（南宁市）《南宁市人民政府办公厅关于印发南宁市建设沿边金融综合改革试验区实施方案的通知》（南府办〔2014〕28号）

3.34（南宁市）《广西壮族自治区沿边金融综合改革试验区个人跨境贸易人民币业务管理办法》（南宁银发〔2014〕113号）

3.35（南宁市）中国人民银行南宁中心支行关于印发《广西沿边金融综合改革试验区跨境人民币贷款业务试点管理办法》的通知（南宁银发〔2014〕308号）

3.36（南宁市）《南宁市科学技术局　南宁市财政局关于印发南宁市科技保险补贴资金使用管理暂行办法的通知》（南科规〔2016〕3号）

3.37（南宁市）《南宁市人民政府办公厅关于印发南宁市推进科技保险试点工作实施方案的通知》（南府办函〔2016〕136号）

3.38（南宁市）《南宁市人民政府关于印发南宁市沿边金融综合改革试验区建设加快金融业发展扶持政策的通知》（南府规〔2017〕12号）

3.39（南宁市）《南宁市人民政府关于印发南宁市鼓励和扶持企业上市（挂牌）若干规定的通知》（南府规〔2017〕13号）

3.40（南宁市）《南宁市人民政府关于印发南宁市非法集资举报奖励暂行办法的通知》（南府规〔2017〕38号）

3.41（北海市）《北海市人民政府关于印发北海市参与建设沿边金融综合改革试验区实施方案的通知》（北政发〔2014〕15号）

3.42（北海市）《北海市人民政府办公室关于印发北海市全面推进深化农村金融改革实施方案的通知》（北政办〔2014〕203号）

3.43（北海市）《北海市人民政府关于印发北海市鼓励金融机构拓宽融资渠道奖励暂行办法的通知》（北政发〔2016〕1号）

3.44（北海市）《北海市人民政府关于印发北海市鼓励企业进入全国中小企业股份转让系统及重点区域性股权交易市场奖励扶持暂行办法的通知》（北政发〔2016〕2号）

3.45（北海市）《北海市人民政府办公室关于印发北海市缓解企业融资难的工作方案的通知》（北政办〔2016〕19号）

3.46（北海市）《中共北海市委员会　北海市人民政府关于加快现代金融服务业开放发展的实施意见》（北发〔2018〕17号）。

3.47（北海市）《北海市人民政府办公室关于印发北海市加大金融支持实体经济发展若干措施的通知》（北政办〔2018〕100号）

3.48（崇左市）《崇左市人民政府办公室关于印发崇左市财政金融大力支持"扶贫车间"发展的若干政策（试行）》（崇政办发〔2017〕57号）

3.49（崇左市）《崇左市人民政府关于加快政府性融资担保体系建设的实施意见》（崇政发〔2017〕23号）

3.50（崇左市）《崇左市人民政府关于印发崇左市促进实体经济稳增长若干措施的通知》（崇政发〔2017〕12 号）

3.51（崇左市）（崇左银发〔2017〕157 号）《关于印发〈崇左市中小企业信贷扶持计划（2017~2020）〉的通知》

3.52（钦州市）（钦政办〔2013〕32 号）《钦州市人民政府办公室关于印发钦州市促进银行业融资担保业小额贷款公司发展奖励办法的通知》

3.53（钦州市）（钦市财金〔2015〕28 号）《钦州市小额贷款保证保险风险补偿暂行办法》

商务方面

4.1（商务部）《商务部办公厅关于用好外经贸发展专项资金支持外贸中小企业开拓市场的通知》（商办财函〔2016〕733 号）

4.2（商务部　海关总署　税务总局　质检总局　外汇局）《关于促进外贸综合服务企业健康发展有关工作的通知》（商贸函〔2017〕759 号）

4.3（国家发展改革委、商务部、人民银行、外交部、全国工商联）《民营企业境外投资经营行为规范》（发改外资〔2017〕2050 号）

4.4（自治区）《关于印发〈中国—马来西亚钦州产业园区设立外商投资股权投资类企业工作指引〉的通知》（桂金办发〔2015〕11 号）

4.5（自治区）《广西壮族自治区人民政府关于进一步降低实体经济企业成本的意见》（桂政发〔2017〕23 号）

4.6（自治区）《广西壮族自治区人民政府办公厅关于印发进一步减轻企业税费负担若干措施的通知》（桂政办发〔2018〕50 号）

外事方面

5.1（中共中央办公厅、国务院办公厅）《关于建立"一带一路"国际商事争端解决机制和机构的意见》

国土方面

6.1（区国土资源厅）《广西矿产资源开发利用助推脱贫攻坚实施方案》（桂国土资发〔2018〕56 号）

6.2（区国土资源厅）《广西壮族自治区国土资源厅关于贯彻实施乡村振兴战略的若干意见》（桂国土资发〔2018〕61 号）

海关方面

7.1（海关总署）《关于以企业为单元加工贸易监管模式改革试点的公告》（2016 年第 84 号）

7.2（海关总署）《中华人民共和国国家发展和改革委员会、中华人民共和国工业和信息化部、中华人民共和国财政部、中华人民共和国海关总署公告》（2017 年第 21 号）

7.3（海关总署）《关于以企业为单元加工贸易监管模式改革试点的公告》（2017 年第 29 号）

7.4（海关总署）《海关总署关于调整进口减免税货物监管年限的公告》（2017 年第 51 号）

其他方面

8.1（国务院）《国务院关于清理整顿各类交易场所切实防范金融风险的决定》（国发〔2011〕38 号）

8.2（国务院）《国务院办公厅关于清理整顿各类交易场所的实施意见》（国办发〔2012〕37 号）

8.3（自治区）《广西壮族自治区交易场所管理暂行办法》（桂政办发〔2016〕12 号）

8.4（自治区）《关于广西鼓励地方金融机构增资扩股实施方案的通知》（桂国资发〔2017〕66 号

图书在版编目（CIP）数据

广西沿边金融综合改革报告. 2013－2018／广西建设
面向东盟的金融开放门户领导小组办公室编. －－北京：
社会科学文献出版社，2020.5
ISBN 978－7－5201－6462－7

Ⅰ.①广… Ⅱ.①广… Ⅲ.①地方金融－金融改革－
研究报告－广西－2013－2018 Ⅳ.①F832.767

中国版本图书馆 CIP 数据核字（2020）第 050279 号

广西沿边金融综合改革报告（2013~2018）

编　　者／广西建设面向东盟的金融开放门户领导小组办公室

出 版 人／谢寿光
组稿编辑／王玉山
责任编辑／王玉山

出　　版／社会科学文献出版社·城市和绿色发展分社（010）59367143
　　　　　　地址：北京市北三环中路甲 29 号院华龙大厦　邮编：100029
　　　　　　网址：www. ssap. com. cn
发　　行／市场营销中心（010）59367081　59367083
印　　装／三河市龙林印务有限公司

规　　格／开　本：787mm×1092mm　1/16
　　　　　　印　张：14.5　字　数：201 千字
版　　次／2020 年 5 月第 1 版　2020 年 5 月第 1 次印刷
书　　号／ISBN 978－7－5201－6462－7
定　　价／98.00 元